Metageometria

Helena P. Blavatsky

Metageometria

EDITORA
TEOSÓFICA

Esta coletânea foi baseada no livro *Meta-Geometry*, que faz parte do projeto Secret Doctrine Series, da editora Concord Grove Press. Santa Bárbara – Califórnia – EUA.
www.concordgrovepress.org

EDITORA TEOSÓFICA
SIG Quadra 6, Lote 1235
70.610-460 – Brasília-DF – Brasil
Tel.: (61) 98613-4909 (Whatsapp)
E-mail: editorateosofica@editorateosofica.com.br
Site: www.editorateosofica.com.br
Instagram: @editorateosofica

B645c Blavatsky, H. P.

Metageometria/ H. P. Blavatsky; Fernando Mansur (Org.) – Brasília: Editora Teosófica, 2025.
232 p.
Vários tradutores.

ISBN 978-85-7922-264-1

1. Teosofia. 2. Teósofo. I. Mansur, Fernando.
II. Título.

CDU 141.332

Organizador: Fernando Mansur
Tradução: Vários tradutores
Capa: Usha Velasco
Diagramação: Ana Paula Cichelero
Diagramas e Símbolos: Jairo Cavalcanti e Ana Paula Cichelero
Revisão: Usha Velasco e Valéria Marques de Oliveira

Metageometria

H. P. BLAVATSKY

Buscai esta sabedoria através do serviço, da busca determinada, por meio de perguntas e da humildade; os sábios que veem a verdade a comunicarão a vós, e sabendo que nunca mais caireis novamente em erro.

Shri Krishna

A sabedoria hermética faz a ponte entre ideações, imagem e forma, entre o cósmico e o humano, entre o abstrato e o concreto.

Revista *Hermes*

Desde o início dos séculos, os Mistérios da Natureza foram classificados e inscritos pelos discípulos daqueles "Homens Celestes" em figuras geométricas e símbolos. As chaves que podiam decifrá-los foram transmitidas de uma à outra geração de "Sábios".

Alguns símbolos passaram assim do Oriente para o Ocidente, trazidos por Pitágoras, que não foi o inventor do famoso "Triângulo" que tem o seu nome. Esta figura geométrica, o quadrado e o círculo representam descrições da ordem em que se processou a evolução do Universo, espiritual, psíquica e física.

Os dez pontos inscritos no "Triângulo Pitagórico" valem por todas as teogonias e angelologias já concebidas pelos cérebros teológicos. Aquele que souber interpretar os dezessete pontos – tais como ali estão e na ordem indicada – encontrará neles a série ininterrupta das genealogias, desde o primeiro Homem Celeste até o homem terrestre.

E assim como eles dão a ordem dos Seres, revelam também a ordem em que se desenvolveram o Cosmo, a nossa Terra e os Elementos primordiais de que a Terra se originou.

H. P. Blavatsky, *A Doutrina Secreta*, Vol. II, p. 324.

Sumário

Agradecimentos

Agradecemos, primeiramente, aos membros do Projeto "Pioneiros" (Fernando Mansur, Ígor Câmara, Jairo Cavalcanti, Josy Mansur, Lilia Marques e Marcelo Luz) que, pela generosidade e ampla visão da importância de H. P. Blavatsky, nos têm proporcionado o acesso a importantes ensinamentos deixados por ela. Dessa forma, eles têm contribuído, enormemente, para a difusão do conhecimento teosófico.

Expressamos também os nossos especiais agradecimentos a Raymundo Mendes Sobral, Mário Muniz Ferreira, Carlos Alberto Feltre, Marly Winckler, Fernando Mansur e Rafael Albuquerque que, voluntariamente, contribuíram para a publicação desta obra, seja através da tradução ou de outras formas de colaboração.

A Editora.

Prefácio à Edição Brasileira

A natureza geometriza universalmente
em todas as suas manifestações.

H. P. Blavatsky, *The Secret Doctrine*, I, p. 97

Em 1982, o professor Raghavan Iyer, sete anos depois de fundar a revista mensal *Hermes,* em Santa Bárbara, Califórnia, compilou e editou seleções de escritos teosóficos sobre metageometria. Esse é um texto de uma série que aborda ideias fundamentais da Teosofia, reunindo um material que, de outra forma, estaria disperso por vários escritos. O intuito é o de ajudar o estudante a contemplar o profundo significado interior de muitos ensinamentos teosóficos.

Aqueles que conhecem a ciência, e especialmente a física quântica, sabem que a natureza física – o que percebemos como seres fisicamente encarnados – é altamente matemática e tipicamente geométrica. A química explora as propriedades eletroquímicas de formas geométricas óbvias, como os cristais, assim como as estruturas atômicas mais profundas da matéria. A física quântica descobriu que é impossível descrever a matéria subatômica e suas atividades sem desenvolver expressões matemáticas e fórmulas de tal sofisticação que elas estão muito além da compreensão da maioria dos indivíduos. No entanto, os físicos quânticos declaram que somente tal matemática descreve verdadeiramente o que se encontra em teorias e experimentos, e que a linguagem comum pode se aproximar ou sugerir, mas não consegue expressar essas descobertas. Desde o final do século 20, e agora no século 21, a biologia está rapidamente desenvolvendo percepções semelhantes, que novamente têm de ser expressas matematicamente. A fotossíntese, que permite às plantas absorverem a luz solar e convertê-la em energia nutritiva, requer atividade quântica só recentemente detectada. A geometria das formas vegetal e animal há muito tempo foi reconhecida, e a descoberta da dupla hélice que forma o DNA de todos os seres vivos revela a geometria nos níveis mais fundamentais da vida. E, na tentativa de unir a teoria da gravidade como espaço curvo (ou dobra espacial) na teoria da relatividade com as forças da física quântica – eletromagnetismo, e as forças nucleares fortes e fracas –, há várias teorias, sugestivas mas ainda não comprovadas; entre elas, uma que encontra o próprio espaço físico a ser quantizado geometricamente.

H. P. Blavatsky antecipou tudo isso em seus escritos, coletados em *Metageometria*, e deixa claro que a natureza física não será completamente compreendida até que todos os níveis de manifestação sejam levados em conta. O Cosmo em evolução é setenário, assim como o é o ser humano e toda a Natureza. Sem a compreensão dos princípios materiais cada vez mais refinados, e dos princípios espirituais por trás deles, até mesmo o mundo físico permanecerá um mistério. Mas tal compreensão não vem simplesmente do exercício do intelecto discursivo. Os físicos sabem que não se compreende a física lendo um livro ou dois; da mesma forma, sabem que é preciso passar por um treinamento rigoroso em física e, cada vez mais, em matemática. Visando entender os conceitos envolvidos, não devemos nos surpreender com o fato de que uma compreensão espiritual da Natureza e do ser humano exija um esforço intenso e contínuo que envolva pensamento, reflexão e meditação. A metageometria fornece um caminho para essa compreensão.

Trata-se de uma disciplina difícil. No artigo "Transcendência e transformação", Raghavan Iyer escreve: "A metafísica, quando apresentada (ou descrita) metaforicamente e, por analogia, com os axiomas e postulados da geometria, assume muito mais do que uma relação meramente teórica com os pontos, linhas e construções simples que são os elementos básicos da geometria. Aquilo que, em um nível, pode parecer relações meramente geométricas entre esses elementos são, em um nível metafísico, elementos vitais do Cosmo como uma geometria viva em repouso. Esse é o significado mais profundo do estudo sistemático dos elementos de Euclides, e é uma realidade fundamental que constitui o mundo *numênico*. Os números também interpenetram o mundo fenomênico dos objetos e as complexas relações entre eles. Com todas as suas combinações possíveis, os números dão estrutura e ordem à totalidade de tudo o que existe em um Universo evolutivo. Assim, é possível, através de uma consideração altamente precisa e disciplinada das ideias geométricas – de fato, o estudo da metageometria em um nível preliminar –, ir além da geometria, como geralmente entendida, em direção a uma verdadeira percepção *búddhica* da forma subjacente da metafísica." (*The Gupta Vidya*, Volume 3, edição em papel, Theosophy Trust Press, p. 349.)

Ao reunir os ensinamentos da metageometria em um só lugar, este volume permite focalizar um aspecto fundamental do desdobramento da existência, ajudando a melhorar o pensamento e enriquecendo a vida através da realização das conexões inseparáveis entre cada ser humano e toda a Natureza, desde a formiga até o Cosmo – e mais além.

> *Aquele que chega lá deve ter deixado de ser um número e se tornado todos os números. Ele deve ter esquecido a ilusão da separação, e aceitar apenas a verdade da individualidade coletiva.*
>
> H. P. Blavatsky

Elton Hall e Maurice Bisheff

United Lodge of Theosophists (Loja Unida de Teosofistas)

Nova Iorque e Santa Bárbara – Califórnia (EUA)

Capítulo 1
O primeiro círculo[1]

Ante os olhos da escritora está um manuscrito arcaico, uma coleção de folhas de palma que se tornaram impermeáveis à água e imunes à ação do fogo e do ar, por algum processo específico desconhecido. Vê-se na primeira página um disco de brancura sem mácula, destacando-se sobre o fundo de um negro intenso. Na página seguinte aparece o mesmo disco, mas com um ponto no centro. O primeiro (sabem todos aqueles que se dedicam a esses estudos) representa o Cosmo na Eternidade, antes do despertar da Energia ainda em repouso, a emanação do Verbo em sistemas posteriores. O ponto no círculo, até então imaculado, Espaço e Eternidade em *Pralaya*,

---

[1] *A Doutrina Secreta*, São Paulo: Editora Pensamento, Vol. I, p. 71-76. (Nota Ed. Bras.).

indica a aurora da diferenciação. É o ponto dentro do Ovo do Mundo, o germe interno de onde se desenvolverá o Universo, o Todo, o Cosmo infinito e periódico; germe que é latente e ativo, revezando-se periodicamente os dois estados. O único círculo é a Unidade Divina, de onde tudo procede e para onde tudo retorna: sua circunferência, símbolo forçosamente limitado, porque limitada é a mente humana, indica a PRESENÇA abstrata e sempre incognoscível, e seu plano, a Alma Universal, embora os dois sejam *um*. Sendo branca a superfície do disco e negro todo o fundo que o rodeia, isso mostra que esse plano é o único conhecimento, não obstante ainda obscuro e nebuloso, que ao homem é dado alcançar. No plano têm origem as manifestações *manvantáricas*, porque é naquela ALMA que, durante o *Pralaya*, dorme o Pensamento Divino[2], no qual jaz oculto o plano de todas as cosmogonias e teogonias futuras.

---

[2] Quase não é necessário recordar ao leitor que as expressões Pensamento Divino e Mente Universal não devem ser interpretadas, nem por analogia, como um processo intelectual semelhante ao que se manifesta no homem. O "Inconsciente", segundo Von Hartmann, chegou ao vasto plano da criação, ou melhor, da evolução, "por meio de uma sabedoria clarividente superior a toda consciência", o que, em linguagem vedantina, significa Sabedoria Absoluta. Só aquele que compreende o quanto a intuição paira muito acima dos lentos processos do raciocínio pode formar uma concepção, ainda vaga, daquela Sabedoria absoluta que transcende as ideias de tempo e espaço. A mente, tal qual a conhecemos,

É a VIDA UNA, eterna, invisível – mas onipresente; sem princípio nem fim – mas periódica em suas manifestações regulares (em cujos intervalos reina o profundo mistério do Não Ser); inconsciente – mas Consciência absoluta; incompreensível – mas a única realidade existente por si mesma. Em suma, "um Caos para os sentidos, um Cosmo para a razão". Seu atributo único e absoluto, que é Ele mesmo, o Movimento eterno e incessante, é chamado, esotericamente, o Grande Alento[3], que é o movimento perpétuo do Universo, no sentido de Espaço sem limites e sempre presente. O que é imóvel não pode

---

se resolve em uma série de estados de consciência, cuja duração, intensidade, complexidade e demais atributos são variáveis, baseando-se todos, em última análise, na sensação, que é sempre *Māyā*. A sensação, aliás, implica necessariamente limitação. O Deus pessoal do Teísmo ortodoxo percebe, pensa e sente emoções; arrepende-se e deixa-se tomar de "grande ira". Mas a noção desses estados mentais carrega claramente consigo o indispensável postulado da exterioridade dos estímulos excitantes, por nada dizer da impossibilidade de atribuir caráter imutável a um ser cujas emoções flutuam ao sabor dos acontecimentos que se passam no mundo ao qual preside. O conceito de um Deus pessoal como imutável e infinito é, portanto, antipsicológico e, o que é pior, antifilosófico.

[3] Platão demonstra ser um Iniciado quando, em seu *Cratylus*, diz que *θεόζ* é derivado do verbo *θέειν*, mover, correr, porque os primeiros astrônomos que observaram os movimentos dos corpos celestes chamaram os planetas *θεοί*, deuses. Mais tarde a palavra deu origem a outro termo, *άλήθεια*, "o sopro de Deus".

ser Divino. Mas, de fato e na realidade, nada existe absolutamente imóvel na Alma Universal.

Quase cinco séculos a.C. Leucipo, o instrutor de Demócrito, sustentou que o Espaço era preenchido eternamente com átomos acionados por um movimento incessante, este último gerando no devido curso do tempo, quando aqueles átomos se agregavam, movimento rotatório, através de colisões mútuas produzindo movimentos laterais. Epicuro e Lucrécio ensinaram o mesmo, apenas adicionando ao movimento lateral dos átomos a ideia de afinidade – um ensinamento oculto.

Desde o começo do que constitui a herança do homem, desde o primeiro aparecimento dos arquitetos do globo em que vivemos, a Divindade não revelada foi reconhecida e considerada sob o seu único aspecto filosófico – o Movimento Universal, a vibração do Alento criador na Natureza. O Ocultismo sintetiza assim a Existência Una: "*A Divindade é um fogo misterioso vivo [ou movente], e as eternas testemunhas desta Presença invisível são a Luz, o Calor e a Umidade*", tríade esta que abrange todos os fenômenos da Natureza e lhes é a causa[4]. O movimento

[4] Os nominalistas, entendendo, com Berkeley, que "é impossível (...) formar-se uma ideia abstrata do movimento independentemente do corpo que se move" (*Principles of Human Knowledge*, Introdução, 10° parágrafo), podem perguntar: o que é o corpo produtor de tal movimento? Será uma substância? Então credes

intracósmico é eterno e incessante; o movimento cósmico, o que é visível ou objeto da percepção, é finito e periódico. Como eterna abstração, é o Sempre Presente; como manifestação, é finito, na direção do futuro e na direção do passado, sendo estes dois o Alfa e o Ômega das reconstruções sucessivas. O Cosmo – o *Númeno* – não tem nada a ver com as relações causais do mundo fenomenal. Só em relação à Alma intracósmica, ao Cosmo ideal no imutável Pensamento Divino é que podemos dizer: "Jamais teve começo, nem jamais terá fim." Quanto ao seu corpo ou organismo cósmico, ainda que se não possa dizer que tenha tido uma primeira construção

---

em um Deus pessoal?, etc., etc... Por enquanto, reivindicamos nossa posição de conceitualistas, contrária às opiniões materialistas de Roscelini sobre o Realismo e o Nominalismo. "Revelou a Ciência", pergunta Edward Clodd, um de seus mais hábeis defensores, "algo que possa contravir ou opor-se às antigas palavras em que se acha expressa a essência de todas as religiões passadas, presentes ou futuras: conduzir-se com retidão, ser compassivo e permanecer com humildade perante Deus?" Estamos de acordo, contanto que seja a palavra Deus entendida não no sentido do antropomorfismo grosseiro que constitui ainda a estrutura de nossa teologia atual, mas como o conceito simbólico daquilo que é Vida e Movimento no Universo: conhecê-lo, na ordem física, é conhecer o tempo passado, presente e futuro, na existência das sucessões de fenômenos; e conhecê-lo, na ordem moral, é conhecer o que foi, é e será, dentro da consciência humana. (Veja-se *Science and the Emotion*, Discurso pronunciado na South Place Chapel, Finsbury, Londres, 27 de dezembro de 1885).

ou deva ter uma última, em cada novo *Manvantara* esse organismo pode ter sido como o primeiro e o último de sua espécie, pois evoluciona cada vez para um plano mais elevado...

Dizíamos nós, há alguns anos:

> A Doutrina Esotérica ensina, tal como o Budismo e o Bramanismo, e também a Cabala, que a Essência Una, infinita e desconhecida, existe em toda a eternidade, e que é ora ativa, ora passiva, em sucessões alternadas, regulares e harmônicas. Na linguagem poética do *Manu*, chamam-se esses estados Dias e Noites de *Brahmā*. Este último se encontra "desperto" ou "adormecido". Os *svābhāvikas,* ou filósofos da mais antiga escola do Budismo (e que ainda existe no Nepal), limitam suas especulações ao estado ativo da "Essência", a que dão o nome de *Svābhāvat*, e pensam que é insensato construir teorias acerca do poder abstrato e "incognoscível" em sua condição passiva. Daí serem chamados ateus pelos teólogos cristãos e pelos sábios modernos, incapazes, uns e outros, de compreender a lógica profunda daquela filosofia. Os teólogos não querem admitir outro Deus senão o que personifica as potências secundárias que deram forma ao Universo visível – aquele que passou a ser o Deus antropomórfico dos cristãos, o Jehovah masculino, brandindo no meio dos trovões e dos raios. Por sua vez, a ciência racionalista considera os budistas e os *svābhāvikas* como os "positivistas" das idades arcaicas. Se olharmos a filosofia desses últimos

em apenas um de seus aspectos, poderão os nossos materialistas ter razão à sua maneira. Sustentam os budistas que não há Criador, mas uma infinidade de potências criadoras, que formam em seu conjunto a substância una e eterna, cuja essência é inescrutável e, por conseguinte, insuscetível de qualquer especulação por parte de um verdadeiro filósofo. Sócrates recusava-se invariavelmente a discutir sobre o mistério universal, e nem por isso ocorreu a alguém acusá-lo de ateísmo, exceto aqueles que desejavam sua morte. Ao iniciar-se um período de atividade – diz a *Doutrina Secreta* –, dá-se uma expansão daquela Essência Divina, de fora para dentro e de dentro para fora[5], em virtude da lei eterna e imutável, e o Universo fenomenal ou visível é o resultado último da longa cadeia de forças cósmicas, postas assim em movimento progressivo. Do mesmo modo, quando sobrevém a condição passiva, efetua-se a contração da Essência Divina, e a obra anterior da criação se desfaz gradual e progressivamente, o Universo visível se desintegra, os seus materiais se dispersam, e somente as "trevas" solitárias se estendem, uma vez mais, sobre a face do "abismo". Para usar uma metáfora dos livros secretos, que tornará ainda mais clara a ideia, uma expiração da "essência desconhecida" produz o mundo, e uma inspiração o faz desaparecer. É um processo que se observa por toda a eternidade, e o nosso atual Universo não representa senão um dos

[5] As palavras "de fora para dentro e" não ocorrem na edição original de *Ísis Sem Véu* e devem ter sido adicionadas aqui por H.P.B.). [Nota ed. da Theosophical Publishing House, Adyar, 1979].

termos da série infinita – que não teve princípio nem terá fim."[6]

O trecho acima será explicado, até onde for possível, na presente obra. E, se bem que nada contenha de novo para o orientalista, tal como se acha escrito, sua interpretação esotérica pode abranger muita coisa que até o momento permaneceu completamente ignorada dos eruditos ocidentais.

A primeira figura é um disco simples:

A segunda é um disco com um ponto no centro,

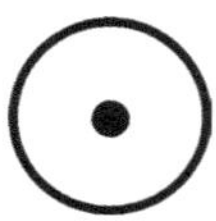

um símbolo arcaico que representa a primeira diferenciação nas manifestações periódicas da Natureza eterna, sem sexo e infinita, "*Aditi* em AQUILO"[7], ou o Espaço

[6] *Ísis sem Véu*, II, p. 264-265. Veja-se também a Seção VII, Parte II, Vol. II da presente obra [*A Doutrina Secreta*], "Os Dias e as Noites de *Brahmā*".

"Muitas alterações do texto original de *Ísis sem Véu* foram feitas por H.P.B. ao transcrevê-lo; aqui são rigorosamente mantidas." (Nota ao pé da página 57 do Vol. III da edição de 1897.)

[7] *Rig-Veda*.

potencial no Espaço abstrato. Na terceira fase, o ponto se transforma em um diâmetro,

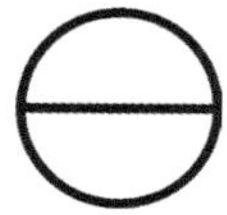

é o símbolo da Mãe Natureza, divina e imaculada, no Infinito absoluto, que abrange todas as coisas. Quando o diâmetro horizontal se cruza com um vertical,

o símbolo se converte na cruz do mundo. A humanidade alcançou sua Terceira Raça-Raiz: é o signo do começo da vida humana. Quando a circunferência desaparece, ficando apenas a cruz,

este signo representa a queda do homem na matéria, começando então a Quarta Raça. A Cruz inscrita no círculo simboliza o Panteísmo puro; suprimido o círculo, passa a ser um símbolo fálico. Tinha o mesmo significado, afora outros especiais, que o Tau inscrito no círculo,

ou que o martelo de Thor, a chamada cruz Jaina, ou simplesmente *Suástica*, dentro de um círculo.

Por meio do terceiro símbolo – o círculo dividido em dois pelo diâmetro horizontal – se dava a entender a primeira manifestação da Natureza criadora, ainda passiva (porque feminina). A primeira percepção vaga que o homem tem da procriação é feminina, pois o homem conhece mais de perto a mãe que o pai. As divindades femininas eram, por isso, mais sagradas que as masculinas. A Natureza é, portanto, feminina, e até certo ponto objetiva e tangível; e o Princípio espiritual que a fecunda permanece oculto[8]. Acrescentando uma linha perpendicular ao diâmetro horizontal, formou-se o Tau,

---

[8] Os matemáticos ocidentais e alguns cabalistas americanos dizem que também na Cabala "o valor do nome Jehovah é o do diâmetro de um círculo". A isto se deve acrescentar que Jehovah é o terceiro dos *Sephiroth, Binah*, palavra feminina, e ter-se-á a chave do mistério. Esse nome, que é andrógino nos primeiros capítulos do *Gênesis*, converte-se, por meio de certas transformações cabalísticas, em masculino, cainita e fálico. A ideia de escolher uma divindade entre os deuses pagãos, para constituí-la um deus nacional e invocá-la como "o Deus Único, o Deus vivo", "o Deus dos Deuses", proclamando-se monoteísta o seu culto, não pode fazer de tal divindade aquele Princípio Uno, "cuja Unidade não admite multiplicidade ou mudança, nem forma", nem muito menos uma

a mais antiga forma desta letra. Este foi o símbolo da Terceira Raça-Raiz até o dia de sua queda simbólica, ou seja, a separação dos sexos por evolução natural; então a figura passou a

ou a vida assexual modificada e dividida – um duplo signo ou hieróglifo. Com as sub-raças de nossa Quinta Raça, veio a ser em simbologia o *zākhār,* e em hebreu o *negēbāh*, das Raças primitivamente formadas[9]; transformou-se depois no emblema egípcio da vida,

e, mais tarde ainda, no signo de Vênus.

---

divindade priápica, como hoje está demonstrado que o é Jehovah.

9 Veja-se a mui sugestiva obra *The Source of Measures*, em que o autor explica o verdadeiro sentido da palavra *zākhār*, da qual derivam "sagrado", "sacramento", palavras que passaram a ser sinônimas de "santidade", apesar de serem puramente fálicas.

A seguir vem a *Suástica* (o martelo de Thor, ou a Cruz Hermética atual), separada completamente do círculo e, portanto, fálica. O símbolo esotérico do *Kali Yuga* é a estrela de cinco pontas invertida, isto é, com duas pontas viradas para cima (cornos)

– signo da feitiçaria humana –, posição que todo Ocultista reconhecerá como pertencente à "mão esquerda", e empregada na magia cerimonial.[10]

[...]

Parabrahman não é "Deus", como não é *um* Deus. "É o Supremo e o não Supremo (*Parāvara*)[11]". É o Supremo como causa e o não Supremo como efeito. *Parabrahman* é simplesmente, como Realidade sem par, o Cosmo que tudo contém – ou melhor, o Espaço cósmico infinito –, no sentido espiritual mais elevado, naturalmente.

[10] Veja-se *Ísis sem Véu*, p. 300 e seguintes, para comprovação da antiguidade do sistema decimal dos números.

[11] *Mändūkya*, *Upanishad*, I, 28.

Sendo *Brahman* (neutro), a Raiz suprema, imutável, pura, livre, incorruptível, "a verdadeira Existência Una, *Paramārthika*", e o absoluto *Chit* ou *Chaitanya* (Inteligência, Consciência) não pode conhecer, "porque AQUILO não pode ser sujeito de cognição". Pode-se dizer que a chama é a Essência do Fogo? A Essência é "a Vida e a Luz do Universo; o fogo e a chama visíveis são a destruição, a morte e o mal". "O Fogo e a Chama destroem o corpo de um *Arhat*; sua Essência o torna imortal."[12] "O conhecimento do Espírito absoluto, tal como a refulgência do Sol e o calor do fogo, não é outra coisa senão a própria Essência absoluta", diz Sankarāchārya. É "o Espírito do Fogo", não o Fogo em si mesmo; portanto, "os atributos deste último, o Calor e a Chama, não são atributos do Espírito, e sim daquilo de que o Espírito é a causa inconsciente". Não é a proposição anterior a verdadeira chave da filosofia dos últimos Rosacruzes? *Parabrahman*, em suma, é a agregação coletiva do Cosmo em sua infinidade e eternidade, o AQUILO e o ISTO, a que se não podem aplicar agregados distributivos[13]. "No princípio ISTO era Ele Mesmo, um somente"[14]; o grande Sankārachārya esclarece que ISTO se refere ao Universo

---

[12] *Bodhimur*, Livro II.

[13] Veja-se o *Vedānta Sāra*, do Major G. A. Jacob, e *The Aphorisms of Shândilya*, tradução de Cowell, p. 42.

[14] *Aitarey Upanishad.*

(*Jagat*), e que as palavras "no princípio" significam "antes da reprodução do Universo fenomenal".

Quando, pois, os Panteístas se fazem eco dos *Upanishads*, que declaram – como também a Doutrina Secreta – que ISTO não pode criar, não estão negando a existência de um Criador, ou melhor, de um agregado coletivo de criadores; o que fazem é simplesmente recusar, com muita lógica, atribuir o ato de "criação", e especialmente o da formação – coisas que são finitas – a um Princípio Infinito. Para eles, *Parabrahman* é uma causa passiva, porque absoluta; é o *Mukta* incondicionado. Recusam-lhe apenas a Onisciência e a Onipotência limitadas, já que também se trata de atributos, refletidos nas percepções dos homens; e porque, sendo *Parabrahman* o TODO Supremo, o Espírito e a Alma, sempre invisíveis, da Natureza imutável e eterna, não pode ter atributos: o Absoluto exclui naturalmente a possibilidade de toda relação com a ideia de finito ou condicionado. E quando os Vedantinos afirmam que só a emanação de *Parabrahman* possui atributos – emanação que eles chamam *ISHVARA* em união com *Māyā*, e *Avidyā* (Agnosticismo ou Ciência negativa, antes que ignorância) –, dificilmente se verá ateísmo em tal concepção[15]. Pois que é impossível exis-

[15] Não obstante, orientalistas cristãos imbuídos de preconceitos, e mais fanáticos do que outra coisa, pretendem provar que isto é puro ateísmo. Como exemplo, veja-se o *Vedānta Sāra* do Major

tirem dois Infinitos ou dois Absolutos em um Universo que se supõe sem limites, como se há de conceber aquela Existência-em-Si-Mesma criando pessoalmente? Para os sentidos e percepções dos *seres* finitos, AQUILO é o *Não Ser*, no sentido de que é a *Seidade* Una; porque neste TODO jaz latente sua coeterna e coeva emanação ou irradiação inerente, a qual, ao se converter periodicamente em *Brahmā* (a Potência masculino-feminina), expande-se no Universo manifestado. "*Nārāyana* movendo-se sobre as Águas (abstratas) do Espaço" transforma-se nas Águas de substância concreta, impulsionadas por ele, que vem a ser agora o Verbo ou *Logos* manifestado.

Jacob. Mas toda a Antiguidade repete este pensamento:

Omnis enim per se divum natura necesse est
Immortali aevo summa cum pace fruatur

– segundo diz Lucrécio; um conceito puramente vedantino.

Capítulo 2
A Unidade, a Tríade e a *Tetraktis*[16]

A Substância Primordial ainda não havia saído do seu estado latente pré-cósmico para uma objetividade diferenciada, nem sequer se tornado (para o homem, até então) o Prótilo invisível da Ciência. Mas, uma vez "soada a hora" e fazendo-se receptora da impressão *Fohática* do Pensamento Divino (o *Logos*, ou aspecto masculino da *Anima Mundi*, *Alaya*), o seu "Coração" se abre. Ela se diferencia, e os Três (Pai, Mãe e Filho) passam a ser Quatro. Eis aqui a origem do duplo mistério da Trindade e da Imaculada Conceição. O dogma primeiro e fundamental do Ocultismo é a Unidade Universal (ou Homogeneidade) sob três aspectos – o que conduz a uma

[16] *A Doutrina Secreta*, São Paulo: Editora Pensamento, Vol. I, p. 119-120. (Nota Ed. Bras.)

concepção possível da Divindade, que, como Unidade absoluta, deve permanecer sempre incompreensível para as inteligências finitas.

> Se queres crer no Poder que atua na raiz de uma planta, ou imaginar a raiz que ela oculta no solo, tens de pensar em seu caule ou tronco, em suas folhas e flores. Não podes imaginar aquele Poder independentemente destas coisas. A Vida não pode ser conhecida senão pela Árvore da Vida...[17]

A ideia da Unidade Absoluta ficaria por completo anulada em nossa concepção se não dispuséssemos de algo concreto para conter essa Unidade. Sendo absoluta, a Divindade é necessariamente onipresente; portanto, não existe átomo que não a contenha em si. A raiz, o tronco e os inúmeros ramos são três coisas distintas, e no entanto constituem uma árvore.

Dizem os cabalistas: "A Divindade é Una, porque é Infinita. É Tríplice, porque sempre está se manifestando." Essa manifestação é trina em seus aspectos, pois, como diz Aristóteles, são necessários três princípios para que todo corpo natural se torne objetivo: privação, forma e matéria[18]. Privação significava, na mente do grande filó-

---

[17] *Precepts of Yoga.*

[18] Um vedantino da filosofia Visishthadvaíta diria que, apesar de ser a única Realidade independente, *Parabrahman* é inseparável de sua trindade. Ele é três: "*Parabrahman*, *Chit* e *Achit*", sendo os

sofo, o que os ocultistas denominam protótipos impressos na Luz Astral, o último dos mundos e planos inferiores da *Anima Mundi*. A união daqueles três princípios depende de um quarto: a Vida que se irradia dos cumes do Inatingível para se converter em uma Essência universalmente difundida nos planos manifestados da Existência. E esse Quaternário (Pai, Mãe, Filho, como Unidade, e Quaternário como manifestação viva) foi o fundamento que deu lugar à antiquíssima ideia da Imaculada Conceição, cristalizada agora em um dogma da Igreja Cristã, que assim materializou e fez encarnar esse símbolo metafísico, aberrando de todo senso comum. Porque basta ler a *Cabala* e estudar os seus métodos numéricos de interpretação para encontrar a origem daquele dogma. É puramente astronômico, matemático e, sobretudo, metafísico: o Elemento Masculino da Natureza (personificado pelas divindades masculinas e pelos *Logos* – *Virāj* ou *Brahmā*, Hórus ou Osíris, etc.) nasce através de (e não de) uma fonte imaculada, personificada na "Mãe", pois aquele Varão, tendo "Mãe", não pode ter "Pai", uma

---

dois últimos Realidades dependentes e incapazes de existir separadamente; ou, falando com maior clareza, que *Parabrahman* é a Substância – imutável, eterna e incognoscível – e *Chit* (*Ātmā*) e *Achit* (*Anātmā*) são suas qualidades, como a forma e a cor são as qualidades de qualquer objeto. Os dois últimos são a vestimenta do corpo, ou melhor, aspectos de *Parabrahman*, (isto é, *Sharīra*). Um ocultista teria, porém, muito que dizer sobre isso; e os vedantinos advaitas igualmente.

vez que a Divindade Abstrata carece de sexo, por não ser propriamente um Ser, mas Asseidade ou Vida por Si Mesma. Expressemos isto na linguagem matemática do autor de *The Source of Measures*. Falando da "Medida de um Homem" e de seu valor numérico (cabalístico), escreve ele que, no capítulo IV do *Gênesis*,

> é chamada "a Medida do Homem igual a Jehovah", obtendo-se da seguinte maneira: 113 X 5 = 565; e o valor de 565 pode ser enunciado sob a forma de 56,5 X 10. Aqui o número do Homem, 113, se converte em um fator de 56,5 X 10, e a leitura (cabalística) desta última expressão é Jod, He, Vau, He, ou Jehovah... O desdobramento de 565 em 56,5 X 10 tem por fim demonstrar como o princípio masculino (Jod) emanou do feminino (Eva); ou, por assim dizer, como o elemento masculino nasceu de uma fonte imaculada. Em outras palavras: uma imaculada conceição.

Desse modo temos a repetição, na Terra, daquele mistério que, segundo os videntes, se realizou no plano divino. O Filho da Virgem Celeste Imaculada (ou o Prótilo Cósmico não diferenciado, a Matéria em sua infinidade) nasce de novo na terra como Filho da Eva terrestre (nossa mãe, a Terra) e se torna a Humanidade como um todo – passado, presente e futuro –; porque Jehovah, ou Jod-He-Vau-He, é andrógino, ou macho e fêmea ao mesmo tempo. Em cima, o Filho é todo o

Cosmo; embaixo, a Humanidade. A Tríade ou Triângulo se converte no *Tetraktys*, o sagrado número pitagórico, o Quadrado perfeito e, sobre a Terra, um Cubo de seis faces. O Macroposopo (a Grande Face) passa a ser o Microposopo (a Face Menor); ou, como dizem os cabalistas, o "Ancião dos Dias," descendo sobre Adão-Kadmon, que utiliza como veículo de manifestação, fica transformado no Tetragrammaton; acha-se então, no "Regaço de *Māyā*", a Grande Ilusão, e entre Ele e a Realidade se interpõe a Luz Astral, a Grande Enganadora dos Sentidos limitados do homem, a menos que o conhecimento venha em seu auxílio por intermédio de *Paramārthasatya*.

Capítulo 3
A primeira lei da Natureza[19]

Vemos a Matéria Cósmica se dispersando e se constituindo em Elementos, agrupados no místico Quatro, dentro do quinto Elemento, o Éter, o "revestimento" de *Ākāsha*, a *Anima Mundi* ou Mãe do Cosmo. "Pontos, Linhas, Triângulos, Cubos, Círculos" e finalmente "Esferas"; por quê, ou como? Porque, diz o Comentário, tal é a primeira lei da Natureza, e porque a Natureza geometriza universalmente em todas as suas manifestações. É uma lei fundamental, não somente na matéria primordial, mas também na matéria manifestada em nosso plano fenomenal: a Natureza correlaciona suas formas geométricas e, posteriormente, os seus elementos

[19] *A Doutrina Secreta*, São Paulo: Editora Pensamento, Vol. I, p. 149. (Nota Ed. Bras.)

compostos. Segundo esta lei, não há lugar para o acidente nem para o acaso. Na Natureza não existe repouso nem cessação de movimento – este é um princípio básico em Ocultismo[20]. O que parece repouso não é senão a mudança de uma forma em outra, e a mudança de substância se opera paralelamente à mudança de forma – pelo menos é o que nos ensina a física ocultista, antecipando-se, deste modo, à descoberta da "conservação da matéria". Diz o antigo Comentário[21] à Estância IV:

> A Mãe é o Peixe ígneo da Vida. Ela espalha a sua Ova, e o Alento (o Movimento) a aquece e desenvolve. Os grânulos (da Ova) se atraem uns aos outros e formam os Coágulos no Oceano (do Espaço). As massas maiores se aglutinam e recebem outra Ova, em Pontos, Triângulos e Cubos de fogo, que maturam, e a seu tempo algumas das massas se desprendem e tomam a forma esferoidal, mas esta operação só se realiza quando as outras não se interpõem. Depois disso, a Lei n° *** entra em função. O Movimento (o Alento) se converte em torvelinho e as põe em rotação[22].

---

[20] É o conhecimento desta lei que permite ao *Arhat* realizar os seus *Siddhis* ou fenômenos diversos, tais como a desintegração da matéria, o transporte de objetos de um lugar para outro, etc.

[21] Trata-se de antigos Comentários, anexados com glosas modernas às Estâncias; porquanto aqueles, com sua linguagem simbólica, são em geral tão difíceis de compreender quanto as próprias Estâncias.

[22] Em uma obra de polêmica científica, *The Modern Genesis* (p.

48), o Reverendo W. B. Slaugther, criticando a posição assumida pelos astrônomos, diz: "É de lamentar que os defensores desta teoria [a nebular] não hajam discutido mais amplamente este assunto [o princípio da rotação]. Nenhum deles se digna de nos dar a razão disso. Como é que o processo de esfriamento e contração da massa comunica a ela o movimento rotativo?" (Citado por Winchell, *World-Life*, p. 94.) Não é a ciência materialista que pode resolver o problema. Consta de um ensinamento oculto: "*O movimento é eterno no Não Manifestado e periódico no Manifestado. (...) Sucede que, quando o calor, causado pela descida da Chama na matéria primordial, faz mover as partículas desta última, tal movimento se converte em torvelinho.*" Uma gota de líquido assume a forma esferoidal porque os seus átomos se movem uns ao redor dos outros, em sua essência última, irresolúvel e *numênica*; irresolúvel, em todo caso, para a ciência física. A questão será discutida com amplitude mais adiante.

Capítulo 4
Os números e a evolução[23]

Os nucléolos são eternos e imperecíveis; os núcleos, periódicos e finitos. Os nucléolos fazem parte do Absoluto. Constituem as aberturas daquela sombria e impenetrável fortaleza oculta para sempre à vista humana e até a dos *Dhyānis*. Os núcleos são a luz da eternidade que dali escapa.

É essa LUZ que se condensa nas formas dos "Senhores do Ser" – dos quais os primeiros e os mais elevados são, coletivamente, *JIVĀTMĀ* ou *Pratyagātmā* [que, em sentido figurado, se diz que emana de *Paramātmā*; é o *Logos* dos filósofos gregos, que aparece no começo de cada novo *Manvantara*]. Deles, em escala descendente – formados das ondas cada vez mais consolidadas dessa Luz, que se converte em Matéria densa em nosso plano objetivo – procedem as numerosas Hierarquias das Forças Criadoras; umas sem forma, outras com sua

---

[23] *A Doutrina Secreta*, São Paulo: Editora Pensamento, Vol. III, p. 50-59. (Nota Ed. Bras.)

forma própria e característica, e outras, enfim, as mais inferiores [Elementais] sem forma alguma própria, mas assumindo toda espécie de formas, de acordo com o meio ambiente.

Assim, pois, não há mais que um *Upādhi* [Base] Absoluto, no sentido espiritual; nele e sobre ele são construídos, para fins *manvantáricos*, os incontáveis centros básicos em que se processam as Evoluções individuais cíclicas e universais durante o período ativo.

As Inteligências iluminadoras, que animam os diversos Centros do Ser, são chamadas indistintamente, pelos homens que moram além da Grande Linha[24], *Manus, Rishis, Pitris* [25], *Prajapātis*, etc.; e, pelos que habitam o lado de cá, *Dhyāni-Budhas, Chohans, Melhas* [Deuses do Fogo], *Bodhisattvas* [26] e outros nomes. Os ignorantes as chamam Deuses; os profanos instruídos, o Deus Único; e os sábios, os Iniciados, veneram nelas tão-só

---

[24] "Além da Grande Linha" quer dizer, neste caso, a Índia, que é a região trans-himalaica para os que vivem no Tibete.

[25] Usamos o termo *Pitris* nestes *Slokas* para facilitar a compreensão, mas não é o constante das Estâncias originais, onde tais Seres recebem designações próprias, além dos nomes de "Pais" e "Progenitores".

[26] É um erro interpretar literalmente o *culto* dos *Bodhisattvas* humanos ou *Manjushri*. É verdade que, exotericamente, a escola Mahāyāna ensina o culto a eles sem distinção, e que Huien-Tsiang fala de alguns discípulos de Buddha que foram adorados. Mas, esotericamente, não eram o discípulo ou o sábio *Manjushri* pessoalmente quem recebiam honras, e sim os divinos *Bodhisattvas* e *Dhyāni-Buddhas* que animavam (*amijakha*, como dizem os mongóis) as formas humanas.

> as manifestações *manvantáricas* de AQUILO a cujo respeito nem os nossos Criadores [os *Dhyān-Chohans*] nem as suas criaturas podem jamais discutir ou saber coisa alguma. O ABSOLUTO não se define, e nenhum mortal ou imortal jamais o viu nem compreendeu durante os períodos de Existência. O mutável não pode conhecer o Imutável, nem o que vive pode perceber a Vida Absoluta.

"Não pode o homem conhecer, portanto, Seres mais elevados que os seus próprios Progenitores", "*nem deve adorá-los*". Deverá, porém, saber *como* veio ao mundo.

O número Sete, a cifra fundamental em todas as religiões nacionais, tanto na Cosmogonia como no que se refere ao homem, tem sua razão de ser. Encontramo-lo entre os antigos povos da América de modo tão evidente quanto entre os ários e os egípcios arcaicos. Esta questão será examinada a fundo na segunda parte do volume IV; contudo, alguns fatos podem, desde já, ser passados em revista.

Diz o autor de *Sacred Mysteries among the Mayas and the Quiches*, 11.500 *years ago*[27]:

---

[27] O autor da obra mencionada é Augusto Le Plongeon. Tanto ele como sua esposa são bastante conhecidos nos Estados Unidos, por seus infatigáveis trabalhos na América Central. Foram os descobridores do sepulcro do Kan Coh real, em Chichen-Itza. Parece que o autor acredita e procura provar que o conhecimento esotérico dos ários e dos egípcios foi recebido dos Maias.

> O sete parece ser o número sagrado por excelência entre as nações civilizadas da Antiguidade. Por quê? A pergunta nunca obteve resposta satisfatória. Cada povo em particular deu uma explicação diferente, de acordo com as doutrinas peculiares de sua religião [exotérica]. Que o sete era o número dos números para os iniciados nos mistérios sagrados, não resta a menor dúvida. Para Pitágoras (...) era o "veículo da Vida", com alma e corpo, por ser formado de um Quaternário, ou seja, *Sabedoria e Intelecto*, e de uma Trindade, ou *ação* e *matéria*. O Imperador Justiniano, em *Matrem* e em *Oratio*[28], se expressa nestes termos: "Se eu tivesse que tratar dos sagrados mistérios de nossa Iniciação, que os caldeus dedicaram a Baco por causa do *deus de sete raios* que ilumina a alma por seu intermédio, diria coisas desconhecidas do povo, mas bastante familiares aos benditos Teurgistas."[29]

E quem, conhecendo os *Purānas*, o *Livro dos Mortos*, o *Zendavesta*, as inscrições assírias e, finalmente, a *Bíblia*, e havendo observado a constante repetição do número sete nesses anais de povos que, desde as mais remotas eras e até há pouco tempo ainda, eram desconhecidos entre si e tão distanciados uns dos outros, quem, perguntamos,

---

Entretanto, embora certamente contemporâneos da Atlântida de Platão, os Maias pertenciam ao Quinto Continente, que foi precedido da Atlântida e da Lemúria.

[28] Mais exatamente, *In Matrem Deorum, Oratio V.*

[29] Página 143. [*DS*, Vol. III. (Nota Ed. Bras.)]

poderia atribuir à coincidência o fato seguinte, relatado por aquele mesmo explorador dos Mistérios antigos? Falando da preponderância do sete como número místico, entre os habitantes do "Continente Ocidental", a América, acrescenta ele que tal coisa não é menos notável, porquanto o sete

> aparece com frequência no *Popul-Vuh*. Encontramo-lo, ainda, nas *sete famílias* que, segundo Sahagun e Clavigero, acompanharam o personagem místico chamado *Votan*, considerado o fundador da grande cidade de Nachan, que alguns identificam como Palenque. Nas *sete grutas*[30], de onde se conta que saíram os antepassados de Nahualts. Nas *sete cidades* de Cibola, descritas por Coronado e Niza (...). Nas *sete Antilhas*. Nos *sete heróis*, que, segundo se diz, escaparam ao Dilúvio.

Vamos, aliás, encontrar esse mesmo número de "heróis" em todas as histórias de Dilúvio – desde os sete *Rishis* que se salvaram com o *Manu* Vaivasvata até a Arca de Noé, na qual os animais, as aves e as criaturas foram reunidas em grupos de "sete".

Assim, consideramos perfeitos os números 1, 3, 5 e 7, por serem de todo místicos e exercerem papel

---

[30] Estas *sete grutas, sete cidades*, etc. representam em todos os casos os sete centros ou zonas em que nasceram os sete grupos primitivos da Primeira Raça-Raiz.

importantíssimo em todas as Cosmogonias e na evolução dos seres vivos. Na China, 1, 3, 5 e 7 são chamados "números celestes" no canônico "Livro das Transformações" – *l Ching*, ou *transformação* no sentido de "evolução".

A explicação se torna evidente quando se estudam os símbolos antigos: todos eles têm por base o ponto de partida dos algarismos reproduzidos do Manuscrito Arcaico, que se veem no Prefácio do volume I.

O símbolo da evolução e da queda na geração ou na Matéria

encontra-se nas antigas esculturas e pinturas mexicanas, assim como no *Sephiroth* cabalístico e no Tau egípcio. Examinem-se os manuscritos mexicanos (*add* MSS, Museu Britânico, 9789)[31] e ver-se-á esse símbolo em uma árvore cujo tronco está coberto com *dez* frutos que vão ser colhidos por um homem e uma mulher em cada lado, e de cujo extremo superior saem dois ramos, à direita e à esquerda, formando um

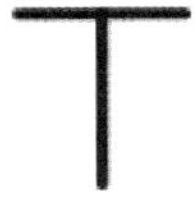

[31] A gravura está reproduzida em *Sacred Mysteries of the Mayas and the Quices*, p. 134.

(Tau) perfeito; na ponta de cada um deles há um cacho tríplice; e uma ave – a Ave da Imortalidade, *Atmā* ou o Espírito Divino –, pousada entre os dois ramos, perfaz assim o número *sete*. O símbolo representa a mesma ideia que a Árvore Sephirothal, *dez* no conjunto, passando a *sete* quando separada da tríade superior. Os frutos celestes são dez,

nascidos das duas sementes invisíveis, macho e fêmea, completando o número doze, o Dodecaedro do Universo. O sistema místico contém o ponto central •, o três ou

o cinco,

e o sete ou

ou também

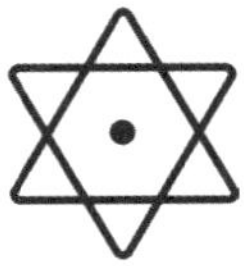

o triângulo no quadrado e o ponto sintetizador nos dois triângulos entrelaçados. (Isto, no mundo dos arquétipos.) É no HOMEM que o mundo fenomenal alcança o seu grau mais elevado, recebendo o reflexo de tudo. O Homem é, portanto, o quadrado místico – em seu aspecto místico –, o *Tetraktys*, e torna-se o Cubo no plano criador. Seu símbolo é o cubo desenvolvido e o seis se converte em sete, ou a

três horizontalmente (o feminino) e quatro verticalmente; este é o Homem, a meta da Divindade na Terra, cujo corpo é a cruz de carne, *sobre* a qual, *por meio* da qual e *na* qual ele está sempre crucificando e levando à morte o *Logos* divino, ou o seu EU SUPERIOR.

Todas as Filosofias e Cosmogonias dizem:

> O Universo tem um Soberano [Soberanos, coletivamente] que o governa e que se chama o VERBO

(*Logos*); o Espírito Construtor é o seu Reino. Os dois constituem o *Primeiro Poder* depois do UNO.

São o Espírito e a Natureza, que juntos formam o nosso Universo Ilusório. Os dois permanecem inseparáveis no *Universo das Ideias*, durante a vigência deste, e depois voltam ao seio de *Parabrahman*, o Uno sempre imutável. "O Espírito, cuja essência é eterna, una e existente por si mesma, irradia uma Luz pura e etérea – uma Luz dupla imperceptível aos sentidos elementares –, segundo os *Purānas*, a *Bíblia*, o *Sepher Yetzirah*, os Hinos gregos e latinos, o *Livro de Hermes*, o *Livro dos Números* caldeu, o Esoterismo de Lao-Tsé e todos os demais. Na Cabala, que explica o sentido oculto do *Gênesis*, essa Luz é o HOMEM-DUAL, ou os Anjos Andróginos (ou, mais propriamente, sem sexo), cujo nome genérico é ADÃO KADMON. São eles que completam o homem, cuja forma etérea é emanada de outros Seres divinos, mas bem inferiores, que solidificam o corpo com argila ou a "poeira do solo" – uma alegoria, sem dúvida, mas tão científica como qualquer evolução darwiniana, e mais verdadeira.

O autor de *Source of Measures* diz que o fundamento da Cabala e de todos os livros místicos está nos *dez Sephiroths*, o que é uma verdade essencial. Eis como ele ilustra os Dez *Sephiroths* ou os Dez Números:

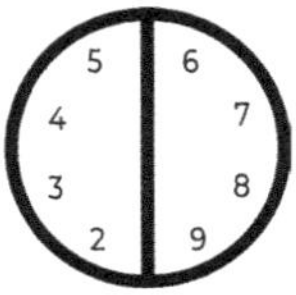

O círculo é o *zero*, ou *nada*; a linha vertical do diâmetro é o primeiro UM ou o UM *primitivo* (o Verbo ou o *Logos*), do qual surgem o dois, o três e assim sucessivamente até o nove, limite dos dígitos. O dez é a primeira Manifestação Divina[32], que contém todas as faculdades possíveis da expressão exata da proporção: o *Jod* sagrado. A Cabala nos ensina que estes *Sephiroths* eram os *números* ou emanações da Luz Celeste (20612:6561) – eram as Dez Palavras, DBRIM, 21224, sendo a Luz da qual eles emanaram o Homem Celeste, o Adão-KDM (144-144); e a Luz, segundo o Novo Testamento (41224), criou Deus, do mesmo modo que no Antigo Testamento Deus (Alhim, 31415) criou a Luz (20612:6561)[33].

Ora, em Ocultismo, como na Cabala, há três espécies de Luz: 1) a Luz Abstrata e Absoluta, que é igual a Trevas; 2) a Luz do Não Manifestado-Manifestado, que alguns chamam o *Logos*; e 3) esta última Luz refletida nos *Dhyān-Chohans*, os *Logos* menores (os Elohim, coletivamente),

---

[32] Veja-se *Ísis sem Véu*, p. 300 e seguintes, para comprovação da antiguidade do sistema decimal dos números.

[33] Veja-se *Masonic Review*, Cincinnati, junho de 1886, art. "The Cabbalah", nº VI, página 10.

que, por sua vez, a difundem pelo Universo objetivo. Mas na Cabala – reeditada e cuidadosamente adaptada aos dogmas cristãos pelos cabalistas do século XIII – as três Luzes são descritas como: 1) a Luz clara e penetrante, a de Jeová; 2) a Luz reflexa; e 3) a Luz *em abstrato*.

> "Esta luz, considerada abstratamente (em sentido metafísico ou simbólico), é Alhim [Elohim, Deus], ao passo que a Luz clara e penetrante é Jeová. A luz de Alhim pertence ao mundo em geral, em sua totalidade e plenitude; mas a de Jeová é a que pertence à criação mais importante, o homem, que essa luz fez e penetrou."[34]

O autor de *Source of Measures* recomenda ao leitor, mui pertinentemente, que consulte a obra *Ancient Faiths Embodied in Ancient Names*, de Inman, II, 648. Vê-se ali uma gravura representando

> "a *vesica piscis*, Maria, e o emblema feminino, copiado de um Rosário da Virgem Maria bendita, que foi impressa em Veneza no ano de 1542",

e portanto, como observa Inman, "com a licença da Inquisição e, por conseguinte, ortodoxo", e que mostra ao leitor o que a Igreja Latina entendia por aquele "poder penetrante da luz e seus efeitos". É triste ver como têm sido deturpadas, na interpretação cristã, as mais

---

[34] *Ibid., loc. cit.*

nobres, grandiosas e sublimes ideias da Filosofia Oriental a respeito da Divindade – aplicadas, que foram, às mais grosseiras concepções antropomórficas!

Os Ocultistas do Oriente chamam a essa Luz *Daiviprakriti*, e os do Ocidente a Luz de *Christos*. É a Luz do *LOGOS*, o reflexo direto do sempre Incognoscível no plano da Manifestação Universal. Eis aqui, porém, a interpretação que lhe dão os cristãos modernos da Cabala. Segundo declara o autor há pouco citado,

> o termo Elohim-Jehovah aplica-se ao mundo em geral em sua totalidade e com o seu principal conteúdo, o homem. O Rev. Dr. CasselI [um cabalista], em seus extratos do *Zohar*, para provar que a Cabala expõe a doutrina da Trindade, diz, entre outras coisas, que "Jeová é Elohim (Alhim)... Por *três* passos, Deus (Alhim) e Jeová se tornam idênticos, e, conquanto separados, cada um *per se* e juntos são do mesmo UNO".[35]

Do mesmo modo, *Vishnu* se converte no Sol, o símbolo visível da Divindade Impessoal. Descreve-se *Vishnu* como "atravessando as sete regiões do Universo em *três passos*". Mas para os hindus é uma versão *exot*érica, uma doutrina superficial e uma alegoria, ao passo que os cabalistas o expõem como o sentido Esotérico e final. Continuemos:

---

[35] *Ibid.*, p. 11.

Ora, a Luz, conforme dissemos, é 20612 a 6561, como o enunciado próprio da relação integral e numérica entre o diâmetro e a circunferência de um círculo. Deus (Alhim, isto é, 31415:1, uma forma modificada da anterior) é a redução disso para obter-se uma unidade do tipo *Um*, como base em geral de todo cálculo e toda medida. Mas, para a produção da vida animal e para a especial *medida do tempo*, ou ano lunar, que influencia a concepção e o desenvolvimento do embrião, os números da medida de Jeová (a medida do *homem igual a Jeová*), ou seja, 113 a 355, têm que ser singularizados[36]. Esta última relação, porém, não é mais que uma forma modificada da Luz, ou 20612:6561 como um *valor* de π (pi), e uma variante deste último (isto é, 20612 : 6561 :: 31415 : um, e 355 : 113 = 31415 ou Alhim, ou Deus), e deste modo podem ser incluídos um no outro e derivar dele: estes são os três passos pelos quais se pode demonstrar a *Unidade* e a identidade dos nomes Divinos; vale dizer que ambos são variantes da mesma razão, ou seja, a de π. O objetivo deste comentário é mostrar que a mesma medida simbólica da Cabala, segundo o ensinamento, se usa nas três Alianças da Bíblia e na Maçonaria, conforme vimos.

Os *Sephiroths* são, pois, descritos em primeiro lugar como a *Luz*, isto é, eles próprios são, verdadeiramente, uma função desta, e idênticos à manifestação de *Ain-Soph*; e o são porque a *Luz* representa a razão 20612:6567, como parte das "Palavras" DBRIM, ou

---

[36] Veja-se *Source of Measures*, p. 276 e seguintes, Ap. VII.

quanto à Palavra DABAR, 206 (= 10 côvados). A "Luz" representa de tal modo o principal argumento da Cabala, para explicar os *Sephiroths*, que o mais famoso livro da Cabala é chamado *Zohar*, ou "Luz". Nele vemos expressões como estas: "O infinito era completamente desconhecido, e não esparzia luz alguma, até que o ponto luminoso irrompeu impetuosamente e se tornou visível." "Quando ele, primeiramente, tomou a forma [de coroa ou do primeiro *Sephira*], fez emanar de si nove esplêndidas luzes, que irradiaram e difundiram um clarão resplandecente em todas as direções – isto é, o nove mais o um (o um que era a origem dos nove, como acima) formaram o dez, ou seja:

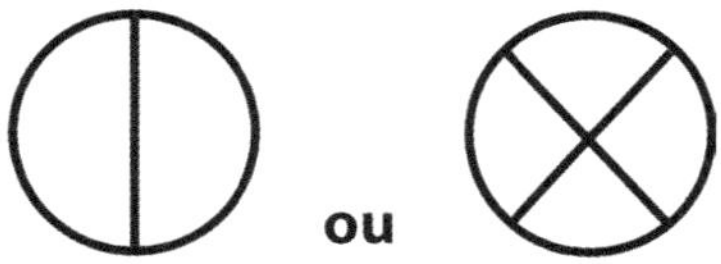

o Dez sagrado (os dez números, ou *Sephiroths*), ou *Jod* – e estes dez números eram a *Luz*, assim como no Evangelho de São João Deus (Alhim, 31415:um) era aquela Luz (20612:6561), por meio da qual todas as coisas foram feitas."[37]

No *Sepher Yetzirah* (ou "Número da Criação"), todo o processo da evolução é exposto em números. Nas suas "trinta e duas Sendas da Sabedoria", o número três é repetido quatro vezes, e o número quatro, cinco vezes.

[37] Art. *Masonic Review*, p. 11 e 12.

Portanto, a Sabedoria de Deus está contida em números (*Sephrim* ou *Sephiroth*); pois *Sepher* (ou S-ph-r, eliminando as vogais) significa "numerar", e é por isso que vemos Platão afirmar que a Divindade "geometriza" ao construir o Universo.

O livro cabalístico *Sepher Yetzirah* principia com uma declaração da sabedoria oculta de *Alhim* ou *Sephrim*, isto é, dos *Elohim* nos *Sephiroths*.

> Em trinta e dois caminhos, a sabedoria oculta estabeleceu Jah, JHVH, Tzabaoth, Elohi de Israel, Alhim de Vida, El de Graça e Misericórdia, Morador Excelso e elevado das alturas, e Rei da Eternidade, e seu nome – Santo em três *Sephrim*, isto 5: B–S'ph-r, V–S'ph-r, V–Siph-o-r.

O Sr. Ralston Skinner chega a dizer que:

> Este comentário traz à luz a "*oculta sabedoria*" do texto original, por meio do conhecimento oculto, isto é, pelo emprego de palavras que têm uma série especial de números e uma fraseologia particular, que põem em relevo o sistema explicativo que vemos adaptar-se com tanta precisão à *Bíblia* hebraica... Ao expor o seu esquema, o autor, a fim de reforçá-lo, completando-o com um postulado geral, ou seja, a palavra única *Sephrim (Sephiroth)* do número Jézirah, explica a separação desta palavra, em outras três subordinadas, um jogo sobre uma palavra comum,

s-ph-r, ou número.

O príncipe Al-Charazi[38] diz ao Rabi: "Desejo agora que me comuniques alguns dos princípios mais importantes da *Filosofia Natural*, que, segundo afirmas, foram por eles (os sábios antigos) descobertos nos primeiros tempos." Ao que responde o Rabi: "A tais princípios pertence o Número da Criação do Pai de nossa Raça, Abraão" (isto é, Abrão e Abraão, ou os números 41224 e 41252). Disse ele então que este livro dos números trata do ensinamento da "*Alhim*-idade e da *Un*-idade por meio de (DBRIM), ou seja, dos números do vocábulo "*Palavras*". Quer dizer que ensina o uso da razão 31415: Um, por meio de 41224, cifra que, na descrição da Arca da Aliança, estava dividida em duas partes pelas *duas* tábuas de pedra em que estes DBRIM ou 41224 foram escritos ou gravados, a saber: 20612 X 2. Passa a tecer comentários sobre o uso dessas três palavras subordinadas, e, em relação a uma delas, tem o cuidado de acrescentar: "e *Alhim* (31415 : Um) diz: Faça-se a Luz (20612 : 6561)".

As palavras, tais como figuram no texto, são:

רופים רפם רפם

– e o Rabi, comentando-as, diz: "Ensina-se a *Alhim*-idade (31415) e a *Un*-idade (o diâmetro para *Alhim*) por meio de palavras (DBRIM = 41224), segundo as quais

---

[38] No livro *Al-Chazari*, de Jehuda-ha-Levi, traduzido pelo Dr. D. Cassell.

há, de um lado, uma expressão infinita em criações heterogêneas, e, de outro, uma tendência harmônica final pata a *Un*-idade" (a qual, como todos sabem, é a função matemática do π (*pi*) das escolas, que mede, pesa e numera as estrelas do céu, resolvendo-as, contudo, na unidade final do Uni-verso), "por meio de Palavras". O seu acordo se aperfeiçoa finalmente nessa *Un*-idade que as coordena e que consiste em

רופם רפם רפם

– isto é: o Rabi, em seu primeiro comentário, omite o *jod* ou *i* em uma das palavras, passando depois a incluí-lo. Se tomamos os valores destas palavras subordinadas, vemos que são 340, 340 e 346, o que perfaz o total de 1026; a palavra geral foi assim dividida para produzir tais números, os quais, por meio de *Tmura*, podem ser mudados de várias maneiras, com objetivos diversos.[39]

Pedimos ao leitor que se reporte à Estância IV do volume I, *sloka* 3, e ao respectivo Comentário[40], onde verá que 3, 4 (7) e o tríplice 7, ou 1065 (o valor de Jeová), correspondem ao número dos 21 *Prajāpatis*, mencionado no *Makābhārata*, ou dos três *sephrim* (palavras em cifras ou símbolos). E esta comparação entre os Poderes Criadores da Filosofia Arcaica e o Criador antropomórfico do Judaísmo *exotérico* (pois que o Esoterismo

---

[39] Art. citado, p. 12-13.

[40] Artigo citado, p. 14.

dos judeus evidencia sua identidade com a Doutrina Secreta) levará o estudante a perceber e descobrir que Jeová não é, realmente, senão um Deus "lunar" e da "geração". Sabem todos os que estudam conscienciosamente a Cabala que, quanto mais nela se aprofundam, tanto mais se convencem de que – a não ser lendo-se à luz da Filosofia Esotérica Oriental – o estudo da Cabala, ou do que dela resta, só pode conduzir à verificação de que, nas linhas traçadas pelo Judaísmo e Cristianismo exotéricos, o monoteísmo de ambos em nada é superior à antiga Astrolatria, que a Astronomia de hoje veio justificar.

Os cabalistas nunca cessam de repetir que a *Inteligência Primária* não pode jamais ser compreendida. Não pode ser compreendida nem tampouco localizada, devendo portanto permanecer inominada e negativa. Daí a razão de haver-se imaginado que o *Ain-Soph* – o INCOGNOSCÍVEL e o INOMINÁVEL –, não podendo tornar-se manifesto, fez emanar de si os Poderes Manifestadores. Desse modo, *só de suas Emanações pode a inteligência humana cogitar*. A teologia cristã, repudiando a doutrina das Emanações e substituindo--a pela da Criação direta e consciente dos Anjos, e de tudo o mais *ex nihilo*, não pode fugir à perplexidade e ao dilema, em que ora se vê, entre o Sobrenatural, ou Milagroso, e o Materialismo. Um Deus *extra*-cósmico é fatal para a Filosofia; uma Divindade *intra*-cósmica – ou seja, Espírito e Matéria inseparavelmente unidos – é uma necessidade filosófica. Separem-nos e não restará senão uma superstição grosseira, sob a máscara do emocionalismo. Mas por que "geometrizar" – no dizer de Platão –, por que representar aquelas Emanações sob a forma de uma imensa tábua aritmética? O autor citado esclarece muito bem a questão, respondendo:

> A percepção mental, para que se possa converter em percepção física, necessita do princípio cósmico da *Luz*; e, portanto, o nosso círculo mental tem que se fazer visível por meio da luz, ou, para sua completa manifestação, deve o círculo ser o da visibilidade física ou a própria luz.
>
> Tais conceitos, assim enunciados, formam a base da filosofia do Divino em manifestação no Universo.

Isso é filosofia. Não sucede o mesmo quando vemos o Rabi dizer, no *Al-Chazari*:

> Por *s'ph-r* devem entender-se o *cálculo* e o *peso* dos corpos criados. Pois o cálculo, por meio do qual deve um corpo ser construído de maneira harmoniosa e simétrica, e a construção bem proporcionada e ajustada ao seu objetivo, consiste, em última análise, em *número*, *extensão*, *massa* e *peso*; a relação coordenada de movimentos, logo, a harmonia da música, tem que consistir inteiramente no *número*, isto é: *s'ph-r*... Por *Sippor (s'phor)* devem entender-se as palavras de *Alhim* [206–1 de 31415 : um], pelas quais se junta ou

> se adapta o plano à forma de construção; por exemplo, foi dito: 'Faça-se a luz." Fez-se a obra à medida que eram pronunciadas as *palavras*, isto é, à medida que se mostravam os números da obra."[41]

Isso vale por *materializar*, francamente, o *espiritual*. A Cabala, porém, não foi sempre assim tão adaptada às concepções antropomonoteístas. Veja-se, para comparação, qualquer uma das seis escolas da Índia. Por exemplo: na Filosofia Sānkhya de Kapila, a não ser que, alegoricamente falando, *Purusha* suba aos ombros de *Prakriti*, esta última permanece irracional, enquanto que, sem ela, o primeiro fica inativo. Portanto, a Natureza (no homem) tem que ser um composto de Espírito e Matéria, antes de poder chegar ao que é, e o Espírito, latente na Matéria, tem que ser gradualmente despertado para a vida e a consciência. A Mônada deve passar por suas formas mineral, vegetal e animal, antes que a Luz do *Logos* possa se manifestar no homem animal. Até esse momento, não pode este último ser chamado "homem", senão uma Mônada aprisionada em formas sempre mutáveis. É a *Evolução*, e não a *Criação* por meio de PALAVRAS, que a Filosofia do Oriente reconhece, inclusive em suas versões exotéricas. *Ex oriente lux*. Até o nome do primeiro homem na *Bíblia* Mosaica era de origem indiana, em que pese à negativa do professor Max Müller. Os judeus

---

[41] Art. citado, p. 14.

tomaram o seu Adão à Caldeia, e Adão-Adami é uma palavra composta, e, portanto, um símbolo múltiplo, que denuncia as doutrinas ocultas.

Não cabe fazer aqui dissertações filológicas; podemos, todavia, recordar ao leitor que as palavras *Ad* e *Adi* significam, em sânscrito, "o primeiro"; em aramaico, "um" (*Ad-Ad*, o "único um"); e em assírio, "Pai", donde *Ak-ad* ou "pai-criador"[42]. E, uma vez reconhecida a veracidade deste asserto, será bem difícil confinar Adão na *Bíblia Mosaica*, e ver na palavra apenas um nome judeu[43].

São frequentes os elementos de confusão que se introduzem nos atributos e nas genealogias dos Deuses em suas Teogonias, o Alfa e o Ômega dos anais da ciência simbólica, tal como apresentada ao mundo pelos escritores brâmanes e bíblicos semi-iniciados. Essa confusão, no entanto, não podia ocorrer por parte das nações primitivas, que se compunham de descendentes e discípulos dos

---

[42] O apelativo *Ak-ad* (acádios) pertence à mesma classe de *Ad-m*, *Ha-va* (Eva), *AEd-en* (Éden); *Ak-Ad* quer dizer "*Filho de Ad*", como os filhos de Ad na Arábia Antiga. *Ad-Ad*, o "único um" e o "primeiro", era o Ad-on ou "Senhor" de Síria e esposo de Ad-ar-gat ou Aster't, a Deusa de Síria. E *Gan-Ǣden* (Éden) ou Gandúnia era a Babilônia ou a Mesopotâmia. Em assírio *Ak* significava Criador, pronunciando-se guturalmente a letra k, como *kh* (*ah*). No misticismo de Swedenborg, Adão não era um homem, mas uma igreja (?) de luz primitiva. Nos *Vedas*, *Ad-iti* é a luz primordial, o *Akāsha* do mundo fenomenal.

[43] Veja-se o volume IV, Parte 2ª, Seção II, "Adão-Adami".

Instrutores Divinos; pois os atributos, como as genealogias, estavam inseparavelmente ligados aos símbolos cosmogônicos, sendo os "Deuses" a vida e o "princípio-alma" que animam as diferentes regiões do Universo. Em nenhum lugar e a ninguém se permitia que as especulações passassem *além* desses Deuses *manifestados*. A Unidade sem limites, infinita, permanecia em todas as nações como terreno virgem, proibido, até onde não se aventurava o pensamento humano nem especulavam vãs teorias. A única alusão que se fazia girava em torno da concepção sumária de suas propriedades de diástole e sístole, de expansão periódica, ou dilatação e contração. No Universo, com todas as suas incalculáveis miríades de Sistemas e Mundos, que desaparecem e reaparecem na eternidade, os Poderes antropomórficos ou Deuses, suas Almas, tinham que desaparecer também, com os seus corpos. Conforme diz o nosso *Catecismo*:

> O Sopro retornando ao Seio Eterno que os exala e inala.

A Natureza ideal, o Espaço Abstrato, no qual todo o Universo é misteriosa e invisivelmente engendrado, constitui o aspecto feminino do poder procriativo da Natureza, tanto na Cosmogonia Védica como nas demais. Aditi é Sephira, e a Sofia dos Gnósticos, e Ísis, a

Virgem Mãe de Hórus. Em todas as Cosmogonias, por trás da Divindade "Criadora" e acima dela, existe uma Divindade Superior, um Ideador ou Arquiteto, do qual o Criador não é mais que o agente executivo. Mais alto ainda, *por cima e ao redor, dentro* e *fora*, há o Incognoscível e o *Desconhecido*, a Fonte e a Causa de todas essas Emanações.

Capítulo 5
A cruz e a década pitagórica[44]

Os primeiros Gnósticos sustentavam que sua ciência, a Gnose, se baseava em um quadrado, cujos ângulos representavam, respectivamente, *Sigê* (o Silêncio), *Bythos* (o Abismo), *Nous* (a Alma Espiritual ou Mente) e *Aletheia* (a Verdade).

Foram eles os primeiros a revelar ao mundo o que havia permanecido oculto durante séculos, a saber: o *Tau*, sob a forma de leito de Procusto, e Christos encarnando em *Chrestos*, aquele que, para certos fins, se oferecia voluntariamente a uma série de torturas mentais e físicas.

[44] *A Doutrina Secreta*, São Paulo: Editora Pensamento, Vol. IV, p. 143-146 e 150-159. (Nota Ed. Bras.)

Para eles, todo o Universo, metafísico e material, estava contido nos algarismos do número dez da Década Pitagórica, e podia ser expresso e descrito por estes algarismos.

A Década, que representava o Universo e sua evolução do Silêncio e dos Abismos desconhecidos da Alma Espiritual, ou *Anima Mundi*, apresenta ao estudante dois lados ou aspectos. Em princípio, podia ser aplicada, e aplicava-se, ao Macrocosmo, e depois descia até o Microcosmo, ou homem. Havia, ademais, a "Ciência Íntima", puramente intelectual e metafísica, e a "Ciência da Superfície", puramente material, podendo explicar-se as duas pela Década, que continha ambas. Numa palavra, podiam estudar-se tanto pelo método dedutivo de Platão como pelo indutivo de Aristóteles. A primeira partia de uma compreensão divina, em que a pluralidade procedia da unidade, ou em que os algarismos da Década não apareciam senão para ser finalmente reabsorvidos, perdidos no Círculo infinito. A segunda dependia tão só da percepção dos sentidos, em que a Década podia ser considerada ou como a unidade que se multiplica ou como a matéria que se diferencia, estando o estudo limitado à superfície plana, à cruz ou aos *sete* que procedem do *dez*, número perfeito assim na Terra como no Céu.

Este sistema dual foi trazido da Índia por Pitágoras, juntamente com a Década. Que era um sistema dos

Brâmanes e dos Iranianos, como os chamavam os antigos filósofos gregos, está documentado por toda a literatura sânscrita, inclusive os *Purānas* e as *Leis de Manu*. Nestas Leis, ou Mandamentos de Manu, diz-se que *Brahmā* criou primeiramente os "*dez* Senhores do Ser", os dez *Prajāpatis* ou Forças Criadoras; estes dez produziram *sete* outros *Manus*, ou melhor, segundo consta de alguns manuscritos, "devotos" *Munin* (em vez de *Manūn*), ou seres santos, que correspondem aos Sete Anjos da Presença, na religião do Ocidente. O misterioso número sete, nascido do Triângulo superior

este último nascido de seu próprio vértice, ou dos Abismos Silenciosos da Alma Universal Desconhecida (*Sigê* e *Bythos*), é a planta sétupla *Saptaparna*, nascida e manifestada na superfície do solo e procedente do mistério da tríplice raiz profundamente enterrada neste solo impenetrável. Esta ideia foi examinada e exposta numa das Seções do Volume II, 2ª Parte, Seção III, "Substância Primordial e Pensamento Divino", que o leitor deve ter bem presente, se quer compreender a ideia metafísica que o citado símbolo encerra. Assim, no homem como na Natureza, segundo a Filosofia Esotérica cis-himalaica, que é a da Cosmogonia do *Manu original*, a divisão setenária é a que a própria Natureza determina. Só o sétimo princípio (*Purusha*) é o EU divino, estritamente falando; pois, como se diz em *Manu*, "havendo ele (*Brahmā*) compenetrado de incomensurável esplendor as partes sutis daqueles seis"[45], criou-os e os chamou ao "Eu-consciência", isto é, ao conhecimento daquele Eu Único. Destes seis, cinco elementos (ou princípios, ou *Tattvas*, segundo julga o Comendador Medhātithi), "são chamados os elementos atômicos destrutíveis"[46], e se acham descritos na Seção antes mencionada[47].

Cabe-nos agora falar da misteriosa língua das raças pré-históricas. Não era uma língua fonética, mas puramente pictórica e simbólica. Atualmente só é bem conhecida por poucas pessoas, visto que há mais de cinco mil anos se tornou uma língua absolutamente morta. No entanto, a maioria dos sábios gnósticos, gregos e judeus a conheciam e usavam, embora de maneira bem diversa. Daremos alguns exemplos.

No plano superior, o número não é propriamente um número, mas um *zero* – um CÍRCULO. No plano inferior, converte-se em *um* – que é um número ímpar. Cada letra dos alfabetos antigos tinha o seu significado filosófico e sua razão de ser. O número *um* (I) significava, para os Iniciados

---

[45] *The Ordinances of Manu*, I, 16; tradução de Burnell, p. 3, nota.
[46] *Ibid.*
[47] *Ibid.*

de Alexandria, um *corpo direito*, um homem vivo de pé, por ser o único animal que tem este privilégio. Acrescentando ao I uma cabeça, ele se transformou em "P", símbolo da *paternidade*, do poder criador, ao passo que o "R" significava um "homem em movimento", que caminha. Vê-se, deste modo, que ZEUS PATER não tinha nada de sexual nem de fálico, tanto pelo som como pela forma de suas letras; e o mesmo sucedia com *Πατηρ Δευς* (segundo Ragon)[48]. Se considerarmos agora o alfabeto hebreu, veremos que, enquanto o *um* ou *Aleph* (א) tem por símbolo um touro ou um boi, o *dez*, o número perfeito ou o *"um"* da *Cabala*, é um *Yod* (', *y*, *i* ou *j*), e significa, como primeira letra de Jehovah, o órgão procriador, e tudo o mais.

Os números *ímpares* são divinos; os números pares são terrestres, diabólicos e desventurados. Os Pitagóricos detestavam o Binário. Para eles, era a origem da diferenciação, e, portanto, dos contrastes, da discórdia ou da matéria, o princípio do mal. Na Teogonia de Valentim, *Bythos* e *Sigê* (o Abismo, o Caos, a Matéria nascida no Silêncio) representam o Binário primordial. Entretanto, para os primeiros Pitagóricos, a Díade era aquele estado imperfeito em que caiu o primeiro ser manifestado,

---

48 *Orthodoxie Maçonnique Suivie de la Maçonnerie Occulte et de l'Initiation Hermétique*, J. M. Ragon, p. 430; para o que se segue, veja-se também todo o capítulo XXVII, "Puissance des Nombres, d'après Pythagore".

quando se destacou da Mônada. Era o ponto a partir do qual se bifurcavam os dois caminhos – o do bem e o do mal. Tudo o que possuía duas faces, ou que era falso, era por eles chamado "binário". Só o UM era o bem e a harmonia, porque nenhuma desarmonia pode proceder do Um isolado. Daí a palavra latina *Solus* com relação ao Só e Único Deus, o Ignoto de Paulo. Contudo, *Solus* não tardou em converter-se em Sol, o Sol.

O Ternário é o primeiro dos números ímpares, como o triângulo é a primeira das figuras geométricas[49]. Este número é realmente o número de mistério por *excelência*. Para estudá-lo em seu aspecto exotérico, deve-se ler o *Cours Philosophique et Interprétatif des Initiations*, de Ragon, e no aspecto esotérico, o simbolismo dos números indianos, sendo inumeráveis as combinações de que participava. Ragon baseou os seus estudos e a fundação da famosa Sociedade Maçônica dos Trinosofistas (os que estudam três ciências) sobre as propriedades ocultas dos três lados iguais do triângulo. É um aprimoramento em relação aos três graus maçônicos ordinários, conferidos aos que nada estudam e se limitam a comer e beber nas reuniões de suas Lojas. Escreve o fundador:

---

[49] A razão é simples, e foi exposta em *Ísis sem Véu*. Em geometria, uma linha reta não pode representar uma figura perfeita, como também não o podem duas linhas retas. O triângulo é a primeira figura perfeita.

> A primeira linha do Triângulo, que se oferece ao estudo do aprendiz, é o *reino mineral*, simbolizado por Tubalc ∴ [Tubal-Caim].
>
> O segundo lado, sobre o qual tem que meditar o companheiro, é o *reino vegetal*, simbolizado por Schibb ∴ [Schibboleth]. Neste reino principia a *geração dos corpos*. É por esta razão que a letra G se apresenta radiante aos olhos do adepto [?!].
>
> O terceiro lado é reservado ao mestre maçom, que deve completar sua educação com o estudo do *reino animal*. É simbolizado por Macbenah ∴ [filho da putrefação].[50]

O primeiro sólido é o Quaternário, símbolo da imortalidade. É a Pirâmide, pois o Tetraedro tem uma base triangular e termina no seu vértice por um ponto, apresentando, assim, a Tríade e o Quaternário, ou o três e o quatro.

Os Pitagóricos ensinavam o vínculo e a relação entre os Deuses e os números em uma ciência chamada Aritmomancia. A Alma, diziam, é um número que se move por si mesmo e que contém o número quatro; e o homem espiritual e físico é o número três, porque o Ternário representava para eles não só a superfície mas também o princípio da formação do corpo físico. De modo que os animais eram simplesmente Ternários,

50 Ragon, *ibid.*, p. 428, nota.

sendo o homem um Setenário unicamente *quando é virtuoso*, e um Quinário quando é mau.

Isto porque o Número Cinco era composto de um Binário e de um Ternário; e o Binário lançava a desordem e a confusão em tudo o que tivesse forma perfeita. O *Homem Perfeito*, diziam, era um Quaternário e um Ternário, isto é, *quatro* elementos materiais e *três* imateriais; e estes três Espíritos ou Elementos também os encontramos no Cinco, quando representa o *microcosmo*. Este último é um composto de três Espíritos diretamente relacionados com a Matéria grosseira, pois, conforme escreve Ragon,

> esta engenhosa figura é a união de dois acentos gregos (̓ , ̦) colocados sobre as vogais, que devem ou não ser aspiradas. O primeiro sinal (̓) é chamado o *spiritus* forte ou superior, o Espírito de Deus aspirado (*spiritus*) e respirado pelo homem. O segundo sinal (̦), o inferior, é o *spiritus* suave, representando o espírito secundário (...). O todo encerra o homem completo. É a *quintessência universal*, o fluido vital ou a vida[51].

Não era o número Cinco menos sagrado para os gregos. As "Cinco Palavras" de *Brahmā* tornaram-se, entre os Gnósticos, as "Cinco Palavras" escritas sobre as Vestes

---

[51] *Ibid.*, p. 431.

Akáshicas (Resplandecentes) de Jesus em sua glorificação – as palavras "*Zama Zama Ozza Rachama Ozai*" (ZAMA ZAMA ΩZZA PAXAMA ΩZZAI), que os orientalistas traduzem como "as vestes, as gloriosas vestes de minha força". Tais palavras eram, por sua vez, um "véu" anagramático dos cinco Poderes místicos representados sobre as vestes do Iniciado "ressuscitado", após sua última prova de três dias de sono cataléptico; porque o cinco só passa a sete depois de sua "morte", quando o Adepto se converte no *Christos* pleno, o completo *Krishna-Vishnu*, ou seja, quando ele entra no *Nirvāna*. O *E* inscrito sobre o Templo de Delfos, um símbolo sagrado, era também o número *cinco*; e o quanto era sagrado mostra-o o fato de que os Coríntios, segundo Plutarco, substituíram o numeral de madeira do mesmo Templo por outro de bronze, o qual, por sua vez, Lívia Augusto trocou por um *fac-símile* de ouro[52].

É fácil reconhecer nos dois *Spiritus* (os signos gregos [῾,]) o "espírito" rude e o "espírito" suave de que fala Ragon – *Atmā* e *Buddhi*, ou o Espírito Divino e seu Veículo, a Alma Universal.

O Seis (ou o Senário) é estudado mais adiante nesta seção, enquanto que o Setenário o será por completo

---

52 *Gnostics and their Remains*, King, p. 297.

no curso deste volume, na seção sobre os "Mistérios da Hebdômada".

A *Ogdóada*, ou Oito, simboliza o eterno movimento em espiral dos ciclos, o 8 ∝, e é por sua vez simbolizada pelo Caduceu. Indica a respiração regular do Cosmo, presidida pelos Oito Grandes Deuses – os Sete da Mãe primordial, o Único e a Tríade.

Em seguida vem o número Nove, ou o tríplice Ternário. É o número que se reproduz sem cessar, sob todas as formas e aspectos, em toda multiplicação. É o signo de toda circunferência, cujo valor em graus é igual a 9, isto é, 3 + 6 + 0. Sob certas condições é um *mau* número, um número de muita desgraça. Se o número seis era o símbolo do nosso Globo em via de ser animado por um Espírito *divino*, o nove simbolizava nossa Terra animada por um Espírito *mau*.

Dez, ou a Década, reconduz todos esses dígitos à unidade e termina a tábua pitagórica. E é por isso que esta figura –

a unidade dentro do Zero – era o símbolo da Divindade, do Universo e do Homem. Tal é o significado secreto do "vigoroso aperto da pata de leão da tribo de Judá" (o "aperto do mestre maçon") entre duas mãos, cujos dedos perfazem o número *dez*.

Se fixarmos agora a nossa atenção na cruz egípcia, ou Tau, poderemos ver que esta letra, tão exaltada pelos egípcios, gregos e judeus, está misteriosamente relacionada com a Década. O Tau é o Alfa e Ômega da Sabedoria Divina Secreta, que é simbolizada pela letra inicial e a final de Thot (Hermes). Thot foi o inventor do alfabeto egípcio, e a letra Tau era a última dos alfabetos dos judeus e dos samaritanos, que lhe davam o qualificativo de "termo" ou "perfeição", "culminação" e "segurança". Daí, segundo Ragon, as palavras *Terminus* (termo) e *Tectum* (teto) serem símbolos de proteção e segurança, o que é antes uma definição prosaica. Tal é, porém, o destino habitual das ideias e das coisas, neste mundo de decadência espiritual, ainda que, ao mesmo tempo, de progresso físico. Pan foi a Natureza Absoluta, o Único e o Grande Todo; mas, quando a história o entreviu pela primeira vez, Pan já havia decaído para a categoria de um *deus inferior* do campo, um Deus rural. A história se recusa a reconhecê-lo, ao passo que a Teologia o transforma em Demônio! Entretanto, a sua flauta de sete tubos, emblema das sete forças da Natureza, dos sete planetas, das sete notas musicais – em uma palavra, de toda harmonia setenária –, evidencia bem o seu caráter primordial. Assim sucede com a cruz. Muito antes que houvesse os judeus imaginado o seu candelabro de ouro do Templo, com *três* braços de um lado e *quatro* do outro, e fizessem do *sete* um número feminino da geração[53] – introduzindo assim o elemento fálico na religião –, as nações mais espiritualizadas já haviam feito da cruz (como 3 + 4 = 7) o seu símbolo divino mais sagrado. Efetivamente, o círculo, a cruz e o sete – sendo este último escolhido como base das medidas *circulares* – foram os primeiros símbolos primordiais. E Pitágoras, que trouxe da Índia a sua sabedoria, deixou à posteridade um vislumbre desta verdade. Sua Escola considerava o número sete como um composto dos números três e quatro, dando para isso uma explicação dual. No plano do mundo *numênico*,

---

[53] O autor de *The Source of Measures*, reflexionando sobre a cruz, mostra que o candelabro do Templo "era de feitio tal que, contando de cada lado, havia nele *quatro* braços; mas, no ápice, por haver *um braço comum a ambos os lados*, contavam-se realmente três braços em um lado e quatro no outro, perfazendo ao todo o número sete, identicamente à ideia de uma parte comum na cruz desenvolvida. Tome-se uma tira de uma unidade de largura por três de comprimento, e deixe-se em posição inclinada. Tome-se outra de quatro unidades de comprimento e ponha-se sobre a primeira, com inclinação oposta, de modo que a extremidade superior da de quatro unidades forme a esquina ou vértice de um triângulo. Tal é o desenvolvimento do candelabro. Agora, retire-se a tira de três unidades de comprimento e ponha-se *atravessada* sobre a de quatro unidades; obter-se-á deste modo a cruz. A mesma ideia se encontra nos seis dias da semana do Gênesis, coroados pelo sétimo, que era usado como base da medida circular" (p. 51).

o Triângulo, como primeiro conceito da Divindade manifestada, era a sua imagem, "Pai-Mãe-Filho", e o Quaternário, o número perfeito, era a raiz *numênica* ideal de todos os números e coisas no plano físico. Alguns estudantes, dado o caráter sagrado do *Tetraktys* e do *Tetragrammaton*, confundem a significação mística do Quaternário. Este último era para os Antigos só uma "perfeição" *secundária*, por assim dizer, visto que se relacionava unicamente com os planos manifestados; ao passo que o Triângulo, o Delta grego (Δ) era "o veículo da Divindade desconhecida". Uma boa prova disso é que o nome da Divindade começava por um Delta. A palavra Zeus escrevia-se *Δεος* (Deos) pelos naturais da Beócia, e é a origem do Deus dos latinos. Isto em relação ao conceito metafísico quanto ao significado do setenário *no mundo fenomenal*, mas, para efeito da interpretação profana ou exotérica, o simbolismo se modificava. O *três* passava a ser o ideograma dos *três* Elementos *materiais (*Ar, Água, Terra), e o *quatro*, o princípio de tudo o que não é corpóreo nem perceptível. Tal coisa, porém, nunca foi aceita pelos verdadeiros Pitagóricos. Considerado um composto de seis e um – o Senário e a Unidade –, o número sete era o centro invisível, o Espírito de tudo, pois não existe nenhum corpo hexagonal sem que nele se encontre uma *sétima* propriedade como ponto central. Por exemplo, os cristais e os flocos de neve, na chamada natureza "inanimada". Dizia-se, aliás, que o número sete possui toda a perfeição da UNIDADE – o número dos números. Porque, assim como a *unidade* absoluta é incriada e indivisível, e portanto sem número, e nenhum número pode produzi-la, o mesmo sucede com o *sete*; nenhum dos dígitos da Década pode gerá-lo ou produzi-lo. E é o *quatro* que proporciona uma divisão aritmética entre a *unidade* e o *sete*, uma vez que excede o primeiro em número igual (*três*), em que, por sua vez, também o excede o *sete*, pois existe entre *quatro* e *um* a mesma diferença que há entre *sete* e *quatro*[54].

"Para os egípcios", diz Ragon, "o número sete era o símbolo da vida eterna"; e acrescenta ser esta a razão de a letra grega Z, que não é senão um duplo sete, ser a inicial de Zaô, "Eu vivo", e de Zeus, o "pai de tudo o que vive".

Por outra parte, o número seis era o símbolo da Terra durante o outono e o inverno, os meses de "sono", e o número sete o era durante a primavera e o verão, já que nesta época o Espírito de Vida a animava – a sétima Força, ou Força central informadora. Vemos a mesma coisa nos mitos e símbolos egípcios de Osíris e Ísis, que personificavam metafisicamente o Fogo e a Água, e fisicamente o Sol e o Nilo. O número do ano solar, 365 dias, corresponde ao valor numérico da palavra *Neilos* (Nilo). Tal número, juntamente com o Touro, com o crescente

[54] De um manuscrito atribuído a Saint-Germain e incorporado por Ragon, *op. cit.*, p. 434.

e a cruz de asa entre os seus cornos, e a Terra sob o seu símbolo astronômico,

♀

representam os símbolos mais fálicos da Antiguidade menos remota.

> O Nilo era o rio do tempo com o número de um ano, ou de um ano e um dia (364 + 1 = 365). Representava as águas parturientes de Ísis, ou de nossa Mãe Terra, da Lua, da mulher e da vaca; também a *oficina* de Osíris, representando o *T'sod Olaum* dos hebreus. O nome antigo do rio era Eridanus, ou o *Iardan* hebreu com o sufixo copto ou grego antigo. Esta foi a porta da palavra hebraica *Jared*, ou *fonte*, ou *origem (...)* do Jordão, que tinha entre os hebreus o mesmo uso místico que o Nilo entre os egípcios[55]: era a fonte da descendência e continha as águas da vida."[56]

Era, para dizer mais claramente, o símbolo da Terra personificada, ou de Ísis considerada como a matriz da Terra. A esse respeito não pode haver dúvida; e o Jordão – o rio que é hoje tão sagrado para os cristãos – não

[55] Não tinha este significado no princípio, nem durante as primeiras dinastias.

[56] De um manuscrito inédito.

encerrava sentido mais sublime nem mais poético que o das águas parturientes da Lua – Ísis, ou Jehovah em seu aspecto feminino. Ora, conforme o demonstra o mesmo sábio, Osíris era o Sol, o rio Nilo e o ano de 365 dias, enquanto que Ísis era a Lua, o leito do Nilo ou a Mãe Terra, "para cujas energias no parto a água era uma necessidade", como também o ano lunar de 354 dias, "o regulador dos períodos de gestação". Tudo isso é, portanto, sexual e fálico, e os nossos modernos eruditos parecem não ter encontrado nesses símbolos nada mais que um significado fisiológico ou fálico. No entanto, não é preciso mais do que ler os três algarismos de 365, ou o número de dias de um ano solar, com a chave pitagórica para descobrir-se neles um significado altamente filosófico e moral. Pode-se ler:

A Terra (3) – animada por (6) – o Espírito de Vida (5)

Isso simplesmente porque três equivale ao Gama grego (Γ), que é o símbolo de Gaia, a Terra, enquanto o algarismo seis é o símbolo do princípio animador ou informante, e o cinco é a quintessência universal que se expande em todas as direções e forma toda a matéria[57].

Os poucos exemplos que citamos revelam apenas uma diminuta parcela dos métodos usados para decifrar

[57] De um manuscrito de Saint-Germain.

os ideogramas simbólicos e os valores numéricos da Antiguidade. Como o sistema apresenta extremas e complexas dificuldades, são em número reduzido, mesmo entre os Iniciados, aqueles que podem dominar *todas* as sete chaves. Será, pois, de admirar que a Natureza metafísica viesse a degenerar, pouco a pouco, até o nível da Natureza física? Que o Sol, outrora símbolo da Divindade, se convertesse, com o transcurso dos tempos, exclusivamente em símbolo do seu fogo criador, descendo em seguida à categoria de signo com sentido fálico? Mas, seguramente, aqueles cujo método, como o de Platão, era proceder do universal ao particular, não foram os que passaram a simbolizar suas religiões com emblemas fálicos! É bem verdade – embora a frase seja de Eliphas Lévi, o paradoxo encarnado – que "o homem é Deus na Terra, e Deus é o homem no Céu". Tal, porém, não podia se aplicar, nem jamais se aplicou, à Divindade Única, mas tão somente às Legiões de SEUS raios encarnados, que chamamos *Dhyān-Chohans* e os Antigos chamaram Deuses, e a Igreja hoje transformou em Demônios, à esquerda, e em Salvador, à direita!

Todos esses dogmas, no entanto, saíram de uma raiz única, a raiz da Sabedoria, que cresce e medra no solo indiano. Não há um só Arcanjo cujo protótipo se não possa encontrar na terra sagrada de Aryavarta. Esses protótipos estão todos relacionados com os *Kumāras*, que aparecem em cena "recusando-se" – como Sanatkumāra e Sananda – "a criar progênie". São, todavia, chamados "criadores" do homem (pensante). Tem-se, por mais de uma vez, estabelecido relação entre eles e Nārada – outro acervo de *aparentes* incongruências, que, não obstante, representa um tesouro de doutrinas filosóficas. Nārada é o chefe dos *Gandharvas*, os cantores e músicos celestes; esotericamente, a razão explica-se por serem os *Gandharvas* "os instrutores dos homens nas Ciências Secretas". Foram eles que, "amando as mulheres da Terra", lhes revelaram os mistérios da criação; ou, como no *Veda*, o *Gandharva* "celeste" é uma divindade que conhecia os *segredos do céu e as verdades divinas* em geral. Se tivermos presente o que se diz em *Enoch* e na *Bíblia* sobre esta classe de Anjos, então a alegoria se tornará bastante clara; o chefe deles, Nārada, ao mesmo tempo que se recusa a procriar, concita os homens a se converterem em Deuses. Ademais, todos estes Anjos, como se declara nos *Vedas*, são *Chhandajas*, "nascidos da vontade", ou encarnados, em diversos *Manvantaras, por sua própria vontade*. Na literatura exotérica, figuram como existindo de era em era; alguns "condenados a renascer", outros encarnando-se por um dever. Finalmente, como *Sanakādikas* – os sete *Kumāras* que foram visitar *Vishnu* na "Ilha Branca" (*Shveta-dvipa*), a ilha habitada pelos *Mahā Yogis* –, estão eles relacionados com *Shāka-dvipa* e os lemurianos e atlantes da Terceira e da Quarta Raça.

Na Filosofia Esotérica, os *Rudras* (*Kumāras, Adityas, Gandharvas, Asuras*, etc.) são os *Dhyān-Chohans* ou *Devas* mais elevados, no que se refere à inteligência. São aqueles que, havendo adquirido a *quíntupla* natureza por autodesenvolvimento – e daí o caráter sagrado do número *cinco* –, se tornaram independentes dos puros *Devas Arūpa*. É um mistério sobremaneira difícil de penetrar e compreender perfeitamente. Pois vemos que os que "obedeceram à lei" foram, tal como os "rebeldes", *condenados a renascer durante todas as idades*. Nārada, o *Rishi*, é condenado por *Brahmā* a incessantes peregrinações na Terra, isto é, a renascer constantemente. É um rebelde contra *Brahmā*, e no entanto o seu destino não é pior que o dos *Jayas*, os doze grandes Deuses Criadores que *Brahmā* fez surgir *para auxiliá-lo em sua obra de criação*. Estes últimos, absortos na meditação, *esqueceram-se de criar*, esqueceram-se apenas, e só por isso foram igualmente condenados por *Brahmā* a renascer em cada *Manvantara*. E, da mesma forma que os rebeldes, são chamados *Chhandajas*, ou os nascidos por sua própria vontade em forma humana.

Tudo isso é bastante enigmático para quem não seja capaz de ler e compreender o texto dos *Purānas* senão em seu sentido literal[58]. É por isso que vemos os orientalistas,

---

[58] Sem embargo, se este sentido for bem compreendido, ver-se-á que é a caixinha de segurança que contém as chaves da Sabedoria

fugindo ao embaraço, cortarem o nó górdio da perplexidade com a declaração de que tudo não passa de "uma ficção devida à fantasia e ao amor do exagero por parte dos brâmanes". Mas para o estudante de Ocultismo tudo isso possui profunda significação filosófica. De boa vontade deixamos a casca para os sanscritistas ocidentais, mas reservamo-nos a essência do fruto. Mais ainda: concedemos que, em certo sentido, muito do que há nessas supostas "fábulas" se refere a alegorias astronômicas sobre constelações, asterismos, estrelas e planetas. Contudo, se o *Gandharva* do *Rig-Veda* pode estar aí personificando o fogo do Sol, os *Devas Gandharvas* são entidades de um caráter tanto físico como psíquico, e os *Apsarasas* (com outros *Rudras*) são ao mesmo tempo *qualidades* e *quantidades*. Em uma palavra: se alguma vez decifrada, a Teogonia dos Deuses Védicos revelará insondáveis mistérios da Criação e do Ser. Com razão disse Parāshara:

Essas classes de trinta e três divindades (...) existem de era em era (...) e o seu aparecimento, assim como o

---

Secreta. Em verdade, uma caixinha tão profusamente adornada que os seus enfeites e fantasias ocultam por completo a mola que lhe permite a abertura, fazendo crer aos que carecem de intuição na ausência e impossibilidade de tal abertura. As chaves, porém, ali estão, muito bem escondidas, mas sempre presentes para aqueles que sabem procurá-las.

desaparecimento, é análogo ao do Sol, que se põe para renascer.[59]

Houve tempo em que o símbolo oriental da Cruz e do Círculo, a *Svástika*, era universalmente adotada. Para os budistas esotéricos chineses e mongóis, e até para os exotéricos, ele significa as "dez mil verdades". Essas verdades, dizem, pertencem aos mistérios do Universo Invisível, da Cosmogonia Primordial e da Teogonia.

> Desde que *Fohat* cruzou o Círculo como duas linhas de chamas [horizontal e verticalmente], as Legiões de Seres Abençoados jamais deixaram de enviar seus representantes aos Planetas sobre os quais tiveram a missão de velar desde o começo.

Eis a razão por que a *Svástika* é colocada sempre – como o era a cruz de asa no Egito – sobre o peito dos Místicos falecidos. No Tibete e na Mongólia vemo-la sobre o coração das estátuas e imagens de Buddha. É também o *selo* posto sobre o coração dos Iniciados vivos, e que alguns têm gravado para sempre a fogo na carne. Isto porque devem guardar essas verdades, invioláveis e intactas, em silêncio e segredo eternos, até o dia em que sejam percebidas e lidas por seus sucessores escolhidos – novos Iniciados –, "dignos de que se lhes confiem as dez mil perfeições". Mas o símbolo hoje foi aviltado de

---

59 *Vishnu Purāna*, I, XV; tradução de Wilson, II, 29.

tal modo que o põem muitas vezes sobre a cabeça dos horríveis ídolos ou "Deuses" dos sacrílegos *Bhons* – os *Dougpas* ou Feiticeiros das fronteiras do Tibete –, até que um *Gelugpa* os vê e os arranca juntamente com a cabeça do "Deus"; quando melhor seria que fosse a cabeça do devoto separada do seu corpo eivado de pecados. Nada obstante, o símbolo não pode jamais perder suas misteriosas propriedades. Lancemos um olhar retrospectivo, e o veremos usado igualmente pelos Iniciados e Videntes, como pelos Sacerdotes de Troia, pois muitos exemplares dele foram encontrados por Schliemann no sítio dessa antiga cidade. Havia-os também entre os antigos peruanos, os assírios e os caldeus, assim como nas paredes dos monumentos ciclópicos, tão velhos quanto o mundo; nas catacumbas do Novo Mundo e nas do *Antigo* (?), em Roma, onde – "porque se supõe que os primeiros cristãos se ocultavam com sua religião" – era chamada *Crux Dissimulata*.

> Segundo De Rossi, a *Svástika* foi, desde remotas épocas, uma forma favorita da cruz, empregada *com um significado oculto*, mostrando assim que o segredo não era o da cruz cristã. Uma cruz *Svástika* das catacumbas é o signo da inscrição seguinte: ΖΩΤΙΚΩ ΖΟΤΙΚΗ [? ΖΩΤΙΚΗ], *Vitalis Vitalia*, ou vida da vida.[60]

[60] Citado em *The Natural Genesis*, de Gerald Massey, I, 427.

Mas a melhor prova da antiguidade da cruz é a que apresenta o próprio autor de *The Natural Genesis*:

> O valor da cruz como símbolo cristão, supõe-se datar da época em que Jesus Cristo foi crucificado. E no entanto, na iconografia "cristã" das Catacumbas *não aparece figura alguma de homem sobre a cruz, durante os seis ou sete primeiros séculos*. Existem todas as formas da cruz, exceto essa – que se pretende ser o ponto de partida da nova religião. Não foi ela a forma inicial do Crucifixo, mas antes a final[61]. Nos seis primeiros séculos da era cristã, não há na arte cristã o menor indício de que esta religião tivesse por fundamento um Redentor crucificado! A mais antiga forma conhecida de uma cruz com uma figura humana é o crucifixo oferecido pelo Papa Gregório, o Grande, à Rainha Teodolinda de Lombardia, e que se acha agora na igreja de São João, em Monza, enquanto que nas catacumbas de Roma não se vê nenhuma representação do Crucificado anterior à de San Giulio, que data do sétimo ou oitavo século... Não há Cristo nem Crucificado; a Cruz é o Cristo, assim como o *Stauros* (a Cruz) era um tipo e um nome de Hórus, o Cristo gnóstico. A Cruz, e não o Crucificado, é o símbolo primordial da Igreja Cristã. A Cruz, e não o Crucificado, é o objeto essencial de suas

[61] Para os cristãos, é inegável. Para os simbologistas pré-cristãos era, como já dissemos, a Cama ou Leito de Tortura durante os Mistérios da Iniciação, quando o "Crucificado" era colocado horizontalmente no solo (e não levantado, como no tempo em que se converteu no patíbulo romano).

> representações artísticas e do culto em sua religião. O germe de todo o seu crescimento e desenvolvimento pode ser encontrado na cruz. E essa cruz é pré-cristã, é pagã e gentia, sob uma meia dúzia de formas diferentes. O Culto principiou com a cruz, e Juliano tinha razão ao dizer que havia sustentado uma "Guerra contra a X"; a cruz que, segundo ele entendia, fora adotada pelos agnósticos e *mitólatras* com uma significação impossível[62]. Durante séculos ocupou o lugar do Cristo, e foi invocada como um ser vivo. Foi, a princípio, divinizada, e por último humanizada.[63]

Em verdade, poucos símbolos no mundo encerram tanto significado oculto quanto a *Svástika*. Ela se acha resumida no algarismo seis. Aponta, em sua representação concreta, como sucede com o ideograma deste número, o Zênite e o Nadir, o Norte, o Sul, o Leste e o Oeste; em toda parte se vê a unidade, e esta unidade refletida em todas as unidades. É o emblema da atividade de *Fohat*, da contínua revolução das "Rodas", e o dos Quatro Elementos, o "Quatro Sagrado", em seu sentido místico, não apenas no sentido cósmico; por outra parte, seus quatro braços, dobrados em ângulos retos, guardam íntima relação, conforme mostramos alhures, com as escalas Pitagórica

[62] Assim era, e não podia ser de outro modo. O Imperador Juliano era um Iniciado e, como tal, conhecia bem o "significado misterioso", a um tempo metafísico e físico.

[63] *Op. cit., ibid.*, p. 433.

e Hermética. Aquele que está iniciado nos mistérios do significado da *Svástika*, dizem os Comentários, "pode retraçar nela, com precisão matemática, a evolução do Cosmo e todo o período de *Sandhyā*"; também "a relação do Visível com o Invisível" e "a primeira procriação do homem e das espécies".

Para o Ocultista oriental, a Árvore do Conhecimento, no Paraíso do próprio coração do homem, converte-se na Árvore da Vida Eterna, e nada tem a ver com os sentidos animais do homem. É um mistério absoluto que só se revela com os esforços do aprisionado *Manas*, o Ego, para se libertar dos grilhões da percepção sensorial e ver à luz da Realidade Única e eternamente presente. Para o Cabalista ocidental, e agora muito mais para o simbólogo superficial, criado na atmosfera mortal da ciência materialista, a explicação principal dos mistérios da cruz está no seu elemento sexual. Até o comentador moderno, de tendência espiritual sob outro ângulo, vislumbra essa característica na cruz e na *Svástika*, antes que outro qualquer.

> No Egito usava-se a cruz como um talismã protetor e um símbolo de poder salvador. Tífon, ou Satã, aparece efetivamente preso e encadeado à cruz. No *Ritual*, o adorador de Osíris exclama: '*O Apophis foi derribado, suas cordas prendem o Sul, o Norte, o Leste e o Oeste; suas*

> *cordas estão sobre ele. Har-rubah o amarrou.'* [64] Eram as cordas dos quatro quadrantes, ou a cruz. De Thor se diz que esmagou a cabeça da serpente com o seu martelo (...) uma forma da *Svástika* ou cruz de quatro pés (...). Nos primitivos sepulcros do Egito, o modelo da Câmara tinha a forma de uma cruz[65]. O pagode de Mathura, (...) lugar de nascimento de Krishna, foi construído em forma de cruz.[66]

Contudo, para o amante da verdadeira Sabedoria Oriental Arcaica, para aquele que não adora, em espírito, nada que não seja a Unidade Absoluta, este grande *Coração* que pulsa por todo o sempre, que palpita em todas as coisas, em cada átomo da Natureza, para ele, cada um destes átomos encerra a semente capaz de fazer nascer e vicejar a Árvore do Conhecimento, cujos frutos dão

---

[64] *Livro dos Mortos*, XXXIX. Apophis, ou Apap, é a Serpente do Mal, o símbolo das paixões humanas. O Sol (Osíris-Hórus) o destrói, e Apap é derrubado, atado e encadeado. O Deus Aker, o "Chefe da Entrada do Abismo" de Aker, o Reino do Sol (XV, 39), o aprisiona. Apophis é o inimigo de Ra (a Luz), mas, exclama o Defunto, "o grande Apap tombou!" "O Escorpião feriu-te na boca", diz ele ao inimigo vencido (XXXIX, 7). O Escorpião é o "verme que nunca morre" dos Cristãos. Apophis está atado sobre o Tau ou Tat, "emblema da estabilidade". (Veja-se a erecção de Tat em *Tatoo*, XVIII.)

[65] Assim também nas criptas cis-himalaicas, onde viviam os Iniciados e onde se depositavam as suas cinzas durante sete anos lunares.

[66] *The Natural Genesis,* I, 432.

a Vida Eterna, e não somente a vida física. Para ele, a cruz e o círculo, a Árvore ou o Tau – mesmo depois que todos os seus símbolos tenham sido assinalados e compreendidos, um após outro – permanecem ainda um profundo mistério em seu Passado, e é só para este Passado que ele dirige as suas vistas ansiosas. Pouco lhe importa que seja a Semente de que procede a Árvore genealógica do Ser, chamada Universo. Não lhe interessa tampouco o Três em Um, o tríplice aspecto da Semente – forma, cor e substância –, e sim a Força que dirige o seu crescimento, Força sempre misteriosa, sempre desconhecida. Porque essa Força vital, que faz germinar a semente, abrir-se e deitar rebentos, formar o tronco e a ramagem, que depois se curva como os ramos de *Ashvattha*, a Árvore sagrada de *Bodhi*, lança as suas sementes, e estas, enraizando-se, produzem novas árvores; essa Força vital, dizíamos, é a ÚNICA que tem realidade para ele, por ser o Sopro de Vida que não morre jamais. O filósofo pagão buscava a causa, o de hoje contenta-se tão somente com os efeitos, buscando aquela nestes últimos. O que há além, ignora-o; e não interessa ao agnóstico moderno, que refuga assim o único conhecimento sobre o qual poderia basear a sua ciência com toda a segurança. E no entanto, essa Força manifestada oferece uma resposta àquele que se detém em aprofundá-la. O que vê na cruz o círculo decussado de Platão, o *pagão*, e não o antítipo da circuncisão, como o via Santo Agostinho, o *cristão*[67], é logo considerado pela Igreja como um gentio, e pela ciência como um louco. E assim ocorre porque, além de se negar a render culto ao Deus da geração física, confessa que nada pode saber em relação à Causa que se acha além da *Primeira* Causa; à Causa tem Causa desta Causa Vital. Ao passo que admite tacitamente A Onipresença do Círculo sem Limites, e dela faz o Postulado universal sobre o qual se alicerça todo o Universo manifestado, o Sábio guarda um silêncio reverencioso a respeito daquilo que não deve ser objeto das especulações do homem mortal. "O *Logos* de Deus é o revelador do homem, e o *Logos* (o Verbo) do homem é o revelador de Deus", diz Eliphas Lévi em um de seus paradoxos. Ao que responde o ocultista oriental: com a condição, porém, de que o homem seja mudo quanto à Causa que produziu Deus e o seu *Logos*. De outro modo, ele se converte invariavelmente no *ultrajador,* e não no *revelador*, da Divindade Incognoscível.

[67] Sermão CLX.

Capítulo 6
Os mistérios da Hebdômada[68]

Não devemos encerrar esta parte sobre o Simbolismo da História Arcaica sem tentar explicar o perpétuo retorno deste número verdadeiramente místico, a Hebdômada, em todas as escrituras conhecidas dos orientalistas. Como todas as religiões, desde a mais antiga à mais recente, revelam a sua presença, cada qual explicando-a a seu modo e em concordância com seus próprios dogmas especiais, não é uma fácil tarefa. Mais vale, portanto, discorrer a matéria numa visão de conjunto. Três, quatro e sete são os números sagrados da Luz, da Vida e da União – particularmente no atual *Manvantara*, o nosso Ciclo de

[68] *A Doutrina Secreta*, São Paulo: Editora Pensamento, Vol. IV, 160-163 (início), 169-175. (Nota Ed. Bras.)

Vida, do qual o número *sete* é o representante especial, ou o *fator*. É o que nos cabe demonstrar.

Se se perguntasse a um brâmane versado nos *Upanishads*, que tão cheios estão da antiga Sabedoria Secreta, porque "aquele de quem sete ancestrais beberam o suco da planta da Lua" é um *Trisuparna*, afirmação que se atribui a Bopaveda[69], e por que o brâmane *Trisuparna* deve render culto aos *Pitris Somapa*, muito poucos seriam capazes de responder, ou, se o fossem, ainda menos estariam dispostos a satisfazer a curiosidade do perguntador. Atenhamo-nos, pois, ao que ensina a antiga Doutrina Esotérica. Segundo diz o Comentário:

> Quando os primeiros Sete apareceram sobre a Terra, lançaram no solo a semente de todas as coisas que crescem em sua superfície. Primeiramente havia Três, depois a estes foram acrescentados Quatro, logo que a pedra se transformou em planta. Então vieram os segundos Sete, os quais, guiando os *Jivas* das plantas, produziram as naturezas intermédias entre a planta e o animal vivo que se move. Os três Sete desenvolveram seus *Chhāyās* (...). Os quintos Sete aprisionaram sua ESSÊNCIA (...). Assim o homem se tornou um *Saptaparna*.

[69] *Vishnu Purāna*, trad. de Wilson, III, 174, nota de Fitzedward Hall.

A SAPTAPARNA

Tal é o nome que se dá ao homem na linguagem oculta. Significa, conforme já tivemos oportunidade de explicar em outra parte, uma planta de sete folhas, e o nome tem uma grande significação nas lendas budistas. O sentido era o mesmo, conquanto dissimulado, nos mitos gregos. O T, ou T (Tau), cuja forma foi derivada do algarismo sete e da letra grega Gama, era, como assinalado na Seção anterior, o símbolo da vida terrestre e da Vida Eterna: da vida terrestre porque Gama é o símbolo da Terra (*Gaia*)[70], e da Vida Eterna porque o algarismo sete é o símbolo da mesma vida *enlaçada com a Vida Divina*, sendo o duplo signo expresso em figuras geométricas –

–, um Triângulo e um Quaternário, símbolo do HOMEM Setenário.

[70] É por isso que, na Grécia, os Iniciados chamaram ao Tau Γμτῆοξ – "filho de Gaia", "saído da Terra", como Tytios na Odisséia (VII, 324).

Ora, o número *seis* foi considerado nos Antigos Mistérios como um emblema da Natureza *física*. Porque o seis é a representação das seis dimensões de todos os corpos, as *seis* direções que compõem a sua forma, a saber: as quatro direções que se estendem no sentido dos quatro pontos cardeais, Norte, Sul, Leste e Oeste, e as duas direções de altura e profundidade que correspondem ao Zênite e ao Nadir. Assim, enquanto o Senário era aplicado pelos Sábios ao homem *físico*, o Setenário era para eles o símbolo do mesmo homem *mais* a sua Alma imortal[71].

J. M. Ragon apresenta uma excelente ilustração do "Senário hieroglífico", como ele denomina o nosso duplo triângulo equilátero.

> O senário hieroglífico é o símbolo da fusão dos três fogos filosóficos com as *três* águas, fusão de que resulta a procriação dos elementos de todas as coisas.[72]

A mesma ideia se encontra no duplo triângulo equilátero dos hindus. Embora no seu país se chame signo de *Vishnu*, é, em verdade, o símbolo da Tríade, ou *Tri-murti*. Porque, ainda na interpretação exotérica, o triângulo inferior,

---

[71] *Ragon, Orthodoxie Maçonnique*, etc., p. 423-33.

[72] *Ibid*., p. 433, nota.

▽

com o seu vértice para baixo, é o símbolo de *Vishnu*, o Deus do Princípio Úmido e da Água, sendo *Nārāyana* o Princípio Móvel no *Nārā*, ou nas Águas[73]; ao passo que o triângulo com o vértice para cima

△

é *Shiva*, o Princípio do Fogo, simbolizado pela tríplice chama em sua mão[74]. Estes dois triângulos entrelaçados, chamados erroneamente "Selo de Salomão" – e que formam também o emblema de nossa Sociedade Teosófica –, são os que produzem ao mesmo tempo o Setenário e a Tríade, constituindo a Década. De qualquer modo que se examine este signo,

---

73 Veja-se o *Mahābhārata*, e.g., III, 189, 3, onde Vishnu, diz: "À água dei o nome de *Nārā* nos tempos antigos, e portanto me chamo *Nārayāna*, pois este foi sempre o meio em que me movi (*Ayana*)." Foi na Água, ou Caos, o "Princípio Úmido" dos gregos e de Hermes, que a primeira semente do Universo foi lançada. "O Espírito de Deus se move sobre as águas escuras do Espaço"; daí por que Thales fez delas o elemento primordial, anterior ao Fogo, que, no entanto, estava latente nesse Espírito.

74 Veja-se a estátua de bronze de Shiva *Tripurāntaka*, "*Mahādeva* destruindo *Tripurāsura*", no Museu da Casa Indiana, Londres.

todos os dez números se acham nele contidos. Porque, com um ponto no centro,

é um signo *sétuplo,* ou um Setenário; seus triângulos indicam o número três, ou a Tríade; os *dois* triângulos denotam a presença do Binário; os triângulos com o ponto central comum a ambos dão o Quaternário; as seis pontas fazem o Senário, e o ponto central a Unidade; o Quinário é obtido por combinação, como um composto de *dois* triângulos, o número par, e de *três* lados em cada triângulo, o primeiro número ímpar. Este foi o motivo pelo qual Pitágoras e os Antigos consagraram o número *seis* a Vênus:

> A união dos dois sexos e a espagirização da matéria por tríades são necessárias para desenvolver a força geradora, essa virtude prolífica e essa tendência à reprodução que é inerente a todos os corpos.[75]

[75] Ragon, *ibid.*, p. 433, nota.

A crença em "Criadores", ou em Poderes personificados da Natureza, longe de significar politeísmo, corresponde a uma necessidade filosófica. Como todos os outros planetas do nosso sistema, a Terra tem sete *Logos,* os Raios emanados do "Raio-Pai", o PROTÓGONOS ou *Logos* Manifestado, o que sacrifica o seu "Esse" (ou a sua "Carne", o Universo), a fim de que o Mundo possa viver e todas as criaturas nele existentes se tornem seres conscientes.

Os números três e quatro são, respectivamente, macho e fêmea, Espírito e Matéria, e sua união é o emblema da Vida Eterna no Espírito, em seu arco ascendente, e na Matéria, como o Elemento que sempre ressuscita, mediante procriação e reprodução. A linha masculina espiritual é vertical;

a linha da matéria diferenciada é horizontal; as duas formam a cruz.

O três é invisível; o quatro está no plano da percepção objetiva. Esta é a razão por que toda a Matéria do Universo, se analisada a fundo pela ciência, pode se reduzir a quatro Elementos apenas – Carbono, Oxigênio, Nitrogênio e Hidrogênio; e também porque os três primários, os números dos quatro, ou o Espírito ou Força graduada, têm permanecido *terra incógnita* e meras especulações, simples nomes, para a ciência exata. Não devem os homens de ciência esperar que lhes seja dado penetrar a natureza dos efeitos e sondar as suas potencialidades sem que, antes, levem em conta as causas primárias e as estudem. Assim, enquanto os sábios do Ocidente tinham, e ainda têm, o quatro, ou a Matéria, para se entreterem, os ocultistas orientais e seus discípulos, os grandes alquimistas do mundo inteiro, têm o setenário todo como objeto de seus estudos[76]. Dizem estes alquimistas:

> Quando o Três e o Quatro se abraçam, o Quaternário une sua natureza média à do Triângulo [ou Tríade, isto é, a face de uma de suas superfícies planas se torna a face média de outra] e se transforma em um Cubo; só então este [o Cubo desenvolvido] vem a ser o veículo e o número da Vida, o Pai-Mãe SETE.

---

[76] Alguns sábios brâmanes protestaram contra a nossa divisão setenária. Encarado o assunto do seu ponto de vista, eles têm razão, assim como nós a temos quanto ao nosso. Deixando de lado os três *aspectos*, ou *princípios adjuntos*, só aceitam quatro *Upādhis*, ou Bases, incluindo o Ego – a imagem do *Logos* refletida no *Kārana Sharīra* –, e ainda, "estritamente falando (...) três *Upādhis* apenas". Para a filosofia puramente teórica e metafísica, ou para efeito de meditação, podem bastar estes três, como o mostra o sistema de *Tāraka Yoga*; mas para o ensinamento prático Oculto, a nossa divisão é a melhor e a mais fácil. Trata-se, porém, de uma questão de escola e preferência.

Aqui, Reuchlin, a grande autoridade da *Cabala*, mostra que o cubo é a "matéria", ao passo que a pirâmide ou a tríade é a "forma". Para os Hermetistas, o número quatro só se converte no símbolo da verdade quando é *amplificado em um cubo*, que, uma vez desenvolvido, produz sete, simbolizando os elementos macho e fêmea e o elemento da Vida[77].

[77] Em *The Source of Measures*, o autor demonstra (p. 50-51) que a figura do cubo desenvolvido em relação ao círculo "se converte (...) em uma *verdadeira cruz*, ou toma a forma do *Tau*; e a junção do círculo a este último dá a *cruz de asa* dos egípcios (...). Embora o cubo tenha apenas seis faces, a representação da cruz (cruz cuja árvore é formada pelo desdobramento de quatro lados do cubo, e os braços pelos dois outros lados apoiados sobre um da árvore, completando assim três na parte horizontal) como um cubo desenvolvido, em barras cruzadas, mostra uma face do cubo *comum às duas barras*, contando-se como pertencente a ambas (ou seja, uma vez horizontalmente e outra no sentido vertical); quatro para a barra vertical e três para a horizontal, o que perfaz o total de sete. Temos aqui os famosos três, quatro e *sete*."

O cubo desdobrado

A Filosofia Esotérica explica que o *quatro* é o símbolo do Universo em seu estado potencial, de Matéria Caótica, que necessita do Espírito para penetrá-la ativamente; isto é, o Triângulo primordial *abstrato* tem que deixar sua qualidade unidimensional e se expandir através dessa Matéria, formando assim uma base *manifestada* no espaço de três dimensões, a fim de que o Universo se manifeste de modo inteligível. Isto se verifica por meio do cubo desenvolvido. Daí a cruz de asa ♀ como símbolo do homem, da

Alguns estudantes sentiram-se embaraçados com o fato de que a linha vertical[78], que é masculina, passa a ser, na cruz, uma linha dividida em quatro (sendo *quatro* um número feminino), ao passo que a horizontal (a linha da matéria) se divide em três. A explicação é fácil. Dado que a face média do "cubo desenvolvido" é *comum* tanto à barra vertical como à horizontal, ou às duas linhas, ela se converte, por assim dizer, em um terreno *neutro*, não pertencendo a nenhuma das duas barras. A linha do espírito permanece triádica, e a linha da matéria, dupla – sendo o dois um número par e, portanto, igualmente feminino. Por outra parte, segundo Theon em sua *Mathematica*[79], os Pitagóricos, que deram o nome de Harmonia ao *Tetraktys*, "porque é um diatessarão na sesquitércia", eram de opinião que:

> A divisão do cânon do monocórdio era feita pelo *tetraktys* na díade, na tríade e na tétrade, pois compreendia uma sesquitércia, uma sesquiáltera, uma dupla, uma tripla e uma quádrupla proporção, e cuja seção é 27. Na antiga notação musical, o tetracórdio se compunha de *três* graus ou intervalos e quatro termos

---

geração e da vida. No Egito, o Ankh significava a "alma", a "vida" e o "sangue". É o homem vivente, com alma, o Setenário.

[78] *Supra*, p. 230.

[79] Theon de Smirna, *Exposition des connaissances mathématiques pour Ia lecture de Platon*, tradução francesa de J. Dupuis, Paris, Hachette, 1902, p. 153.

> de sons, que os gregos chamavam diatessarão, e nós chamamos quarta.[80]

Além disso, o quaternário, apesar de ser um número par e, portanto, feminino ("infernal"), variava segundo a sua forma. Assim o mostra Stanley[81]. O número quatro era chamado pelos Pitagóricos de o Guardião das Chaves da Natureza, mas, unido ao três para formar o sete, passava a ser o mais perfeito e harmonioso dos números – *a própria Natureza*. O quatro era "o masculino da forma feminina" quando formava a cruz, e o sete é o "Senhor da Lua", pois este planeta modifica sua aparência a cada sete dias. Foi com base no sete que Pitágoras compôs a sua doutrina da Harmonia e da Música das Esferas, chamando "um tom" à distância da Lua à Terra; meio tom, da Lua a Mercúrio e deste a Vênus; um tom e meio, de Vênus ao Sol; um tom, do Sol a Marte; meio tom, deste a Júpiter; meio tom, de Júpiter a Saturno; e um tom, deste ao Zodíaco, constituindo assim sete tons – o diapasão da harmonia[82]. Toda a melodia da Natureza se acha nesses sete tons, e por isso se chama a "Voz da Natureza".

Plutarco explica[83] que os gregos mais antigos consideravam a Tétrade como a raiz e princípio de todas as

[80] Oliver, *ibid.*, p. 114.
[81] *Pythag.*, p. 61.
[82] Oliver, *ibid.*, p. 172.
[83] *De Plac. Phil.*, p. 878.

coisas, por ser o número dos elementos que deram origem a todas as coisas *criadas*, visíveis e invisíveis[84].

Para os irmãos da Rosacruz, a figura da cruz, ou *cubo desenvolvido*, constituía o tema de discussão em um dos graus teosóficos de Peuvret, examinado de acordo com os princípios fundamentais da luz e das trevas, ou *do bem e do mal* [85].

> O mundo inteligível surge da mente divina [ou unidade] deste modo. O *Tetraktys*, refletindo-se em sua própria essência, *a primeira unidade, produtora de todas as coisas*, e em seu próprio princípio, se mostra assim: Uma vez um, duas vezes dois, imediatamente surge uma tétrade, tendo em seu ápice a unidade mais elevada, e *se converte em uma Pirâmide*, cuja base é uma tétrade plana, correspondendo a uma superfície sobre a qual a luz radiante da unidade divina produz a forma do fogo incorpóreo, em razão da descida de Juno (a matéria) às coisas inferiores. Em consequência, nasce a luz essencial, que não queima, mas ilumina. É isto *a criação do mundo médio* que os hebreus chamavam o *Supremo*, o mundo da divindade [deles]. Denomina-se Olimpo, a luz completa, e está cheio de formas separadas, onde se encontra a sede dos deuses imortais, *deūm domus alta*, cujo cimo é a *unidade*, os muros a *trindade* e a superfície o *quaternário*.[86]

---

[84] Veja-se Oliver, *ibid.*, p. 106.

[85] *Ibid.*, p. 108.

[86] Reuchlin, *ut supra*, p. 689; Oliver, *ibid.*, p., 112, 113.

A "superfície" teria, assim, que permanecer uma área sem significação, se abandonada a si mesma. Só a Unidade "iluminando" o *quaternário*, o famoso quatro inferior que deve construir para si mesmo um muro procedente da *trindade*, para poder se manifestar. De mais, o *Tetragrammaton*, ou *Microposopus*, é "Jehovah" se arrogando com muita impropriedade o "Era, É e Será", que hoje se traduz por "Eu sou o que sou" e se interpreta como referente à Divindade abstrata mais elevada, ao passo que, esotericamente, e em verdade, só significa a MATÉRIA eterna, periodicamente caótica e turbulenta, com todas as suas potencialidades. Pois o *Tetragrammaton* é a própria Natureza, ou Ísis, e representa a série exotérica dos Deuses andróginos, como Osíris-Ísis, Júpiter-Juno, Brahmā-Vāch ou o Jah-Hovah cabalístico, todos macho-fêmeas. Todos os deuses *antropomórficos* das nações antigas têm seu nome escrito com quatro letras, como muito bem observou Marcílio Ficino. Assim, para os Egípcios, era *Teut*; para os Gregos, *Teos*; entre os Árabes, *Alah*; entre os Persas, *Sire*; para os Magos, *Orsi*; para os antigos Turcos, *Esar*; para os Latinos, *Deus*; e a esta lista John Lorenzo Anania acrescenta o *Gott* dos Alemães, o *Bouh* dos Sármatas, etc.[87]

---

[87] Oliver, *ibid.*, p. 118.

Sendo a Mônada una, e um número ímpar, diziam os Antigos, por isso mesmo os números ímpares eram os únicos perfeitos; eles os consideravam a todos – um tanto egoistamente, talvez, sendo, porém, um fato – como masculinos e perfeitos, aplicáveis aos Deuses *celestes,* enquanto que os números pares, como dois, quatro, seis, e sobretudo oito, sendo femininos, eram tidos como imperfeitos, aplicando-se tão somente às Divindades *terrestres e infernais*. O fato é mencionado por Vergílio, que diz: "*Numero Deus impare gaudet*." "O número ímpar agrada a Deus."[88]

Quanto ao número *sete*, ou Heptágono, os Pitagóricos o tinham em conta de número *religioso* e *perfeito*. Era chamado *Telesphoros*, visto que, por seu intermédio, tudo no Universo e na Humanidade é conduzido aos seus fins, isto é, ao seu ponto culminante[89]. A doutrina das Esferas governadas pelos sete Planetas Sagrados[90] mostra, desde a Lemúria até Pitágoras, os sete Poderes da Natureza terrestre e sublunar, assim como as sete grandes Forças do

---

[88] Bucolicas, Ecl. VIII, 75.

[89] Philon, *De Mundi Opificio*; Oliver, *ibid*., p. 172.

[90] A limitação a Sete Planetas não é porque os Antigos não conhecessem a existência de outros, mas simplesmente porque eram aqueles as "Casas" primitivas ou primordiais dos Sete *Logos*. Pode haver nove ou noventa e nove planetas descobertos, sem que isto em nada altere o fato de só aqueles sete serem os sagrados.

Universo, atuando e se desenvolvendo em sete tons, que são as sete notas da escala musical.

A Hebdômada (nosso Setenário) era considerada como o *número de uma virgem, por ser não nascida* (da mesma forma que o *Logos* ou o *Aja* dos Vedantinos):

> Sem pai (...) nem mãe (...) *mas procedente diretamente da Mônada*, que é a origem e o coroamento de todas as coisas.[91]

E, se procede diretamente da Mônada, explica-se que seja a Hebdômada, tal como nos ensina a Doutrina Secreta das escolas mais antigas, o número perfeito e sagrado do nosso *Manvantara* atual.

O Setenário, ou Hebdômada, estava verdadeiramente consagrado a vários Deuses e Deusas: a Marte, com os seus sete servidores; a Osíris, cujo corpo foi dividido em sete e duas vezes sete partes; a Apolo, o Sol, entre os seus sete planetas, entoando um hino aos sete raios em sua harpa de sete cordas; a Minerva, a que não tinha pai nem mãe; e a outros[92].

O Ocultismo cis-himalaico, com sua divisão *setenária*, e por causa disso, deve ser considerado como o

---

[91] Oliver, *ibid.*, p. 173-174.
[92] *Ibid.*, *loc. cit.*

mais antigo, a origem de todos. Está em antagonismo com *alguns* fragmentos deixados pelos Neoplatônicos, e os admiradores destes, que mal sabem daquilo que defendem, nos dizem: "Vede, os vossos precursores acreditavam só em um homem *tríplice*, composto de Espírito, Alma e Corpo. Vede, o *Tāraka Rāja Yoga* da Índia limita esta divisão a três, nós a quatro e os Vedantinos a cinco (*Koshas*)." A isso, nós, que somos da escola Arcaica, perguntamos:

Por que, então, diz o poeta grego que não são quatro, mas *sete*, os que cantam louvores ao Sol Espiritual?

Έπτά με x. ī. Λ.

Sete letras sonoras a mim cantam louvores,

A mim, o Deus imortal e todo-poderoso.

Por que, ainda, o *trino Iao*, o Deus Misterioso, é chamado "o quádruplo", e os símbolos triádicos e tetrádicos se acham, entre os cristãos, unificados sob um nome – o Jehovah de sete letras? Por que, também, no *Shebá* hebreu é o Juramento (o *Tetraktys* pitagórico) idêntico ao número sete? Ou por que, conforme diz o senhor Gerald Massey,

> Prestar juramento era sinônimo de "contar por sete", e o dez expresso pela letra *Yod* era o número completo de *lao-Sabaoth* [o Deus de dez letras]?[93]

Em *Auction,* de Luciano:

> Pitágoras pergunta: "Como é que vós contais?" A resposta é: um, dois, três, quatro. Então Pitágoras diz: "Vede, naquilo que vós concebeis como quatro, há dez: um triângulo perfeito e o nosso Juramento [o *Tetraktys*, o quatro – ou sete ao todo].[94]

Porque diz também Proclus:

> O pai dos Versos Áureos celebra a *Tetraktys* como a fonte da Natureza perene?[95]

Simplesmente porque os Cabalistas ocidentais, que nos opõem as provas *esotéricas*, não fazem a menor ideia do verdadeiro significado *esotérico*. Todas as antigas Cosmologias – as Cosmografias mais antigas dos dois povos mais remotos da Quinta Raça-Raiz, os indo-arianos e os egípcios, assim como as primeiras raças chinesas, restos da Quarta Raça ou Raça Atlante – baseavam o conjunto dos seus Mistérios no número dez, representando o Triângulo superior o Mundo invisível e metafísico, e o

[93] *The Natural Genesis*, I, 545.
[94] *Ibid.*
[95] *Timoeus*, III, *ibid.*

três e o quatro inferiores (ou o Setenário) o mundo físico. Não foi a *Bíblia* dos judeus que deu evidência ao número sete. Hesíodo já dizia: "O sétimo é o dia sagrado", antes que se tivesse ouvido falar no sábado de "Moisés". O uso do número sete nunca esteve reservado a uma só nação. Provam-no claramente: os sete vasos do templo do Sol, perto das ruínas de Babian, no Alto Egito; os sete fogos que ardiam constantemente, durante séculos, ante os altares de Mitra; os sete templos sagrados dos árabes; as sete penínsulas, as sete ilhas, os sete mares, as sete montanhas e os sete rios da Índia e do *Zohar*; os *Sephiroth* judeus dos sete esplendores; as sete divindades góticas; os sete mundos dos caldeus e os seus sete Espíritos; as sete constelações mencionadas por Hesíodo e Homero; e todos os inumeráveis sete que os Orientalistas encontram nos manuscritos por eles descobertos[96].

Cabe-nos, por último, analisar o seguinte:

Dissemos já o suficiente para mostrar por que os princípios humanos foram e são divididos em sete nas Escolas Esotéricas.

Se os reduzirdes a *quatro*, ou ficará o homem *sem* os seus elementos terrestres inferiores ou, considerado o ponto de vista físico, passará a ser um animal *sem*

[96] Oliver, *ibid.*, p. 175.

alma. O Quaternário tem que ser o *Tetraktys* superior ou o inferior – o celeste ou o terrestre. Para que se faça compreensível, conforme os ensinamentos da *antiga* Escola Esotérica, deve o homem ser considerado como um Setenário. Isso foi tão bem compreendido que até os chamados Gnósticos cristãos adotaram esse sistema, já consagrado pelo tempo[97]. Tal sistema permaneceu secreto durante séculos, porquanto, embora se suspeitasse, nenhum manuscrito da época o menciona de modo bastante claro para satisfazer os céticos. Mas em nosso auxílio vem a curiosidade literária de nossos dias: o Evangelho mais antigo e mais bem conservado dos Gnósticos, *Pistis Sophia.* A fim de que a prova seja absolutamente completa, vamos citar uma autoridade, C. W. King, o único arqueólogo que teve um ligeiro vislumbre desta doutrina complicada, e o melhor escritor do nosso tempo com relação aos Gnósticos e suas joias.

Segundo aquele extraordinário compêndio de literatura religiosa – verdadeiro fóssil gnóstico –, a Entidade humana é o Raio Setenário do Único[98], exatamente como

---

[97] Veja-se a parte F, *infra*, "As Sete Almas dos Egiptólogos", nesta mesma Seção.

[98] Os Sete Centros de Energia, desenvolvidos ou tornados objetivos pela ação de *Fohat* sobre o Elemento Uno; ou, efetivamente, o "Sétimo Princípio" dos Sete Elementos que existem em todo o Cosmo manifestado. Podemos, neste ponto, dizer que são, em

ensina a nossa Escola. Compõe-se ela de sete elementos, quatro dos quais são tomados aos quatro mundos manifestados cabalísticos. Vejamos:

"De Asiah ela recebe o *Nephesh*, ou sede dos apetites físicos [do sopro vital também]; de Jezirah, o *Ruach*, ou sede das paixões [?]; de Briah, o *Neshamah*, ou razão; e de Aziluth obtém o *Chaiah*, ou princípio de vida espiritual." Isto parece uma adaptação da teoria de Platão, segundo a qual a Alma recebe dos Planetas suas respectivas qualidades, em seu progresso descendente através das Esferas. Mas o *Pistis Sophia*, com sua audácia habitual, dá a essa teoria uma forma muito mais poética (§ 282). O *Homem Interno* é, de um modo semelhante, formado por *quatro* componentes, *mas estes são supridos pelos Æons rebeldes das Esferas*, subsistindo neles ainda o Poder – uma partícula da luz divina ("*Divinae particula aurae*"); a *Alma* [o quinto] "formada com as lágrimas de seus olhos e o suor de suas tormentas"; o *Ἀντίμιμον Πνεύματος*, *Falsificação do Espírito* (correspondendo aparentemente à nossa

---

verdade, os *Sephiroths* dos Cabalistas; os "Sete dons do Espírito Santo" do sistema cristão; e, em um sentido místico, os sete filhos de Devaki, mortos por Kamsa antes do nascimento de Krishna. Nossos sete princípios simbolizam tudo isso. Temos que deixá-los ou separar-nos deles antes de alcançarmos o estado de Krishna ou de Cristo, o estado de *Jivānmukta*, e de nos concentrarmos inteiramente nos mais elevado o Sétimo ou Uno.

consciência) [o sexto]; e, por último, o *Μοῖρα* o Destino[99] [o Ego *Kármico*], cuja função é conduzir o homem ao fim que lhe está reservado: se tem que morrer pelo fogo, conduzi-lo ao fogo; se deve ser morto por uma fera, conduzi-lo à fera [o *sétimo*]."[100]

[99] *Μοῖρα* é o destino (*destiny*), e não o "Destino" (*Fate*), neste caso, pois é um apelativo e não um nome próprio. (Veja-se a tradução de Wolf, *Odyssey*, XXII, 413.) Moira, a Deusa do Destino, é, porém, uma divindade que, como *Αἶσα, dá a cada um a sua parte de bem e de mal* (Dicionário de Lyddell e Scott), sendo, portanto, o *Karma*. Por esta abreviação, contudo, deve-se entender o sujeito sob a ação do *Karma* ou Destino, do Eu ou Ego, aqueles que tem de renascer; *Ἀντίμιμον Πνεύματος* não é tampouco a nossa consciência, mas o nosso *Buddhi*, nem a "falsificação" do Espírito, e sim "modelado segundo o Espírito", do qual é um "duplo" (Aristof., *Thesmophor.*, 27), *Buddhi*, como veículo de *Atmā*.

[100] *The Gnostics and their Remains*, p. 37-38.

Capítulo 7
Deus geometriza[101]

"O segredo", dizem os alquimistas, como que se deleitando com a ignorância dos não iniciados, "é um amálgama de sal, enxofre e mercúrio combinados três vezes no *Azoth*, pela tripla sublimação e pela tripla fixação."

"Prenda-te", diz o alquimista, "às quatro letras do tetragrama dispostas da seguinte maneira: as letras do nome inefável estão aí, embora não possas distingui-las de início. O axioma incomunicável está cabalisticamente nele encerrado, e é isso o que os Mestres chamam de mágico." O arcano – as quatro emanações do *ākāsha*, o princípio de VIDA, que é representado em sua terceira transmutação pelo Sol ardente, o olho do mundo ou de

[101] *Ísis Sem Véu*, São Paulo: Ed. Pensamento, Vol. II, p. 187-190. (Nota Ed. Bras.)

Osíris, como os egípcios o chamavam, um olho que vela ternamente a sua filha mais jovem, esposa e irmã, Ísis, nossa mãe Terra. Vede o que Hermes, o mestre três vezes grande, diz a respeito dela: "Seu pai é o Sol, sua mãe é a Lua"[102]. Ele a atrai e acaricia, e então a repele por uma força impulsora. Cabe ao estudante hermético observar seus movimentos, agarrar suas correntes sutis, guiar e dirigi-las com a ajuda do *athanor*, a alavanca de Arquimedes do alquimista. O que é este misterioso *athanor*? O físico pode nos dizer – ele que o vê e observa diariamente? Sim, ele o vê, mas compreende os caracteres secretamente cifrados traçados por um dedo divino sobre toda concha do mar na profundeza dos oceanos, sobre toda folha que treme na brisa, na estrela brilhante cujas linhas estelares não passam aos seus olhos de linhas mais ou menos luminosas de hidrogênio?

"Deus geometriza", disse Platão[103]. "As leis da Natureza são os pensamentos de Deus", exclamava

[102] Tábua Esmeraldina.

[103] Ver Plutarco, *Simposíacas*, livro VIII, ii. "Diogeniana começou e disse: 'Vamos admitir Platão à conferência e perguntar-lhe o que quer dizer quando afirma – supondo-se que a frase seja sua – que Deus sempre age como um geômetra.' Eu disse: 'Esta sentença não foi claramente formulada em nenhuma de suas obras, mas há boas razões para que ela seja sua, e ela se assemelha bastante à sua maneira de se exprimir.' Tíndaro acrescentou então: 'Ele exalta a geometria como uma ciência que arranca os homens dos objetos sensíveis e os faz se voltarem para a Natureza inteligível e Eterna

Oërsted, há 2.000 anos. "Seus pensamentos são imutáveis", repetia o estudante solitário da tradição hermética; "é por isso que devemos procurar a Verdade na harmonia e no equilíbrio perfeito de todas as coisas." E assim, procedendo da unidade indivisível, ele descobre duas forças contrárias que emanam dela, cada uma agindo sobre a outra e produzindo o equilíbrio, e as três são apenas uma, a Mônada Eterna de Pitágoras. O ponto primordial é um círculo; o círculo, quadrando-se a partir dos quatro pontos cardeais, torna-se quaternário, o quadrado perfeito, tendo em cada um de seus quatros ângulos uma letra do nome mirífico, o Tetragrama sagrado. São os quatro *Buddhas* que vieram e passaram; a *tetractys* pitagórica – absorvida e transformada pelo único NÃO SER eterno.

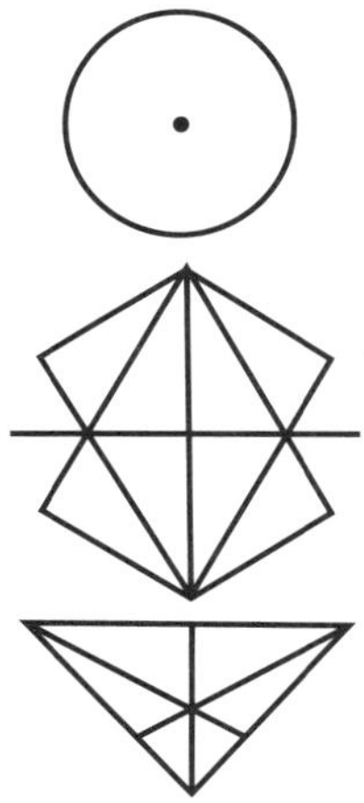

– cuja contemplação é o objetivo da Filosofia, assim como uma exposição dos mistérios de iniciação nos ritos sagrados."

A tradição declara que sobre o cadáver de Hermes, em Hebron, um *Isarim*, um Iniciado, descobriu a tábua conhecida como *Smaragdine*. Ela contém, em algumas sentenças, a essência da sabedoria hermética. Àqueles que os leem apenas com os olhos de corpo, os preceitos nada sugerirão de novo ou extraordinário, pois ela começa simplesmente por dizer que não fala de coisas fictícias, mas do que é verdadeiro e certo.

> O que está embaixo é igual ao que está em cima, e o que está em cima é semelhante ao que está embaixo para realizar os prodígios de uma coisa.
>
> Assim como todas as coisas foram produzidas pela mediação de um ser, de igual maneira todas as coisas foram produzidas a partir deste *por adaptação*.
>
> Seu pai é o Sol; sua mãe, a Lua.
>
> É a causa de toda perfeição por toda a Terra.
>
> Seu poder é perfeito, *se ela se transforma em terra*.
>
> Separai a terra do fogo, o sutil do grosseiro, agindo com prudência e bom senso.
>
> Subi com a maior sagacidade da Terra ao céu, e então descei novamente à Terra, e reuni o poder das coisas inferiores e superiores; possuireis assim a luz de todo o mundo, e toda obscuridade se afastará de vós.
>
> Essa coisa tem mais força do que a própria força, porque *ela dominará toda coisa sutil e penetrará toda coisa sólida*.

Por ela foi o mundo formado (...)[104].

Essa coisa misteriosa é o agente universal, mágico, a luz astral, que, pela correlação de suas forças, fornece o *alkahest*, a pedra filosofal, e o elixir da vida. A filosofia hermética chama-o *Azoth*, a alma do mundo, a virgem celeste, o grande Magnes, etc. A ciência física conhece-a como "calor, luz, eletricidade e magnetismo", mas, ignorando as suas propriedades espirituais e o poder oculto contido no éter, rejeita tudo que ignora. Ela explica e retrata as formas cristalinas dos flocos de neve, suas modificações de um prisma hexagonal que produz uma infinidade de agulhas delicadas. Ela as estudou tão perfeitamente que calculou, com a mais extraordinária exatidão matemática, que todas essas agulhas divergem uma das outras por um ângulo de 60°. Ela pode nos dizer a causa dessa "infinita variedade de formas estranhas"[105], cada uma das quais é em si uma figura geométrica perfeita? Essas corolas congeladas, semelhantes a estrelas e flores, podem ser, ao que supõe a ciência materialista, uma chuva de mensagens derramadas por mãos espirituais dos mundos superiores para os olhos espirituais inferiores lerem.

---

104 *The Secret Doctrine*, vol. II, p., 109-13; e Fabricius, *Bibl. Graeca*, I, cap. X.

105 Prof. Ed. L. Youmans, A *Class-Book of Chemistry*, p. 40.

A cruz filosófica, as duas linhas que correm em direções opostas, a horizontal e a perpendicular, a altura e a largura, que a Divindade geometrizante divide num ponto de interseção, e que forma tanto o quaternário mágico quanto o científico, quando é inscrito no quadrado perfeito, é a base do ocultista. Em seu recinto místico repousa a chave mestra que abre a porta de toda ciência, tanto física como espiritual. Ela simboliza nossa existência humana, pois o círculo da vida circunscreve os quatro pontos da cruz, que representa sucessivamente o nascimento, a vida, a morte e a IMORTALIDADE. Tudo neste mundo é uma trindade completada pelo quaternário[106], e todo elemento é divisível segundo este mesmo princípio. A filosofia pode dividir o homem *ad infinitum*, assim como a ciência física dividiu os quatro elementos primeiros e principais em várias dezenas de outros, mas não conseguirá modificar nenhum. Nascimento, vida e morte serão uma trindade completa apenas ao fim do ciclo. Mesmo que a ciência consiga modificar a imortalidade desejada em aniquilação, ela sempre será um quaternário, pois Deus "geometriza"!

---

106 Nas nações antigas a Divindade era uma trindade completada por uma deusa – o *Arba-il*, ou Deus quádruplo (*Sepher Yetzîrah*, I].

Capítulo 8
A cosmogonia da Índia e da Caldeia – Comparações[107]

Explicação dos dois diagramas que representam os período caóticos e formadores, antes e depois que nosso Universo começasse a evoluir do ponto de vista esotérico bramânico, budista e caldaico, que concordam em todos os pontos com a teoria evolutiva da ciência moderna.

Doutrina Hindu
Triangulo Superior

Contém o Nome Inefável. É o *AUM,* que só deve ser pronunciado mentalmente, sob pena

Doutrina Caldaica
Triangulo Superior

Contém o Nome Inefável. É *Ain-Soph*, o Ilimitado, o Infinito, cujo nome só é conhecido pelos

[107] *Ísis Sem Véu*, São Paulo: Ed. Pensamento, Vol. III, p. 236-239. (Nota Ed. Bras.)

de morte. O *Parabrahman* Não Revelado, o Princípio Passivo; o *Mukta* absoluto e incondicionado, que não pode entrar na condição de um Criador, pois este, a fim de *pensar*, *querer* e *agir*, deve ser finito e condicionado (*baddha*); por conseguinte, em um sentido, deve ser um ser finito.

"ELE (*Parabrahman*) foi absorvido no Não Ser, imperceptível, sem qualquer atributo distinto, inexistente para os nossos sentidos. Foi absorvido no seu sono (para nós) eterno e (para ele) periódico", pois era uma das "Noites de *Brahmā*". Portanto, ele não é a *Primeira*, mas a Causa Eterna. Ele é a Alma das Almas, que nenhum ser pode compreender nesse estado. Mas "aquele que estuda os Mantras secretos e compreende a *Vāch* (o Espírito ou voz oculta dos Mantras, a manifestação ativa da Força latente) aprenderá a compreendê-lo em seu aspecto "revelado".

iniciados e não pode ser pronunciado em voz alta sob pena de morte.

Não mais do que *Parabrahman*, *Ain-Soph* não pode criar, pois ele está na mesma condição de Não Ser; ele é I' א [*ain*] inexistente enquanto se encontra em seu estado latente ou passivo em *Olam* (o tempo ilimitado e infinito); como tal, não é o Criador do Universo visível, nem é o *Or* (Luz). Transformar-se-á nele mais tarde, quando o período de criação o tiver compelido a expandir a Força dentro de si, segundo a Lei de que é a essência corporificadora.

"Aquele que aprende a conhecer IN[1], o *Merkabah* e o *Ia'hash* (fala secreta ou encantação)[2] aprenderá o segredo dos segredos."

[1] Letras iniciais de *hokhma nistharah*, sabedoria secreta.

[2] *La'hash* tem um significado próximo do de *Vāch*, o poder oculto do Mantra.

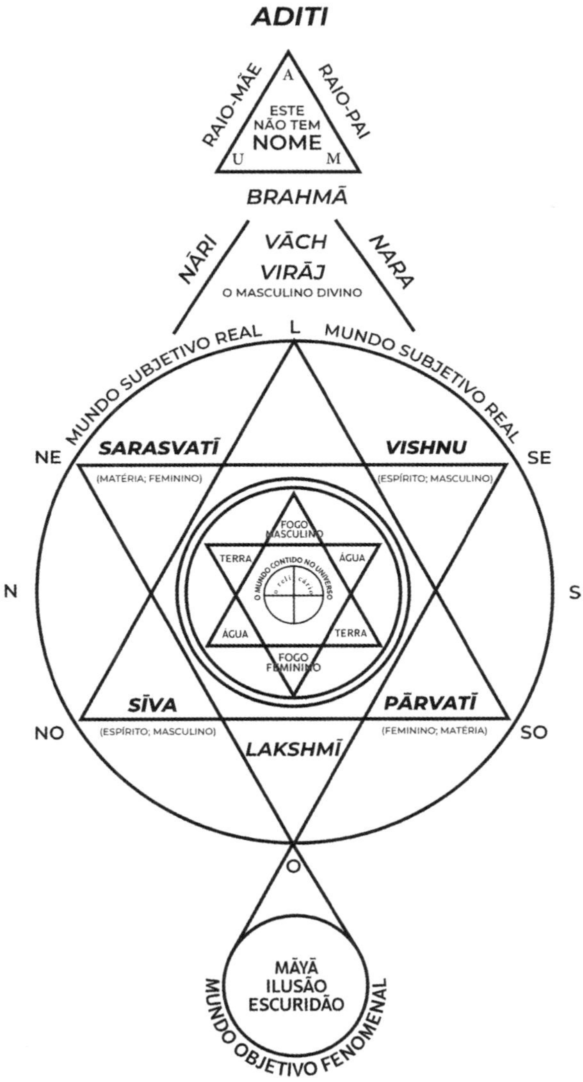
ADITI
RAIO-MÃE
RAIO-PAI
A
ESTE
NÃO TEM
NOME
U
M
BRAHMĀ
NĀRI
NARA
VĀCH
VIRĀJ
O MASCULINO DIVINO
L
MUNDO SUBJETIVO REAL
MUNDO SUBJETIVO REAL
NE
SE
N
S
NO
SO
SARASVATĪ
(MATÉRIA; FEMININO)
VISHNU
(ESPÍRITO; MASCULINO)
FOGO
MASCULINO
TERRA
ÁGUA
O MUNDO CONTIDO NO UNIVERSO
o relicário
ÁGUA
TERRA
FOGO
FEMININO
SĪVA
(ESPÍRITO; MASCULINO)
PĀRVATĪ
(FEMININO; MATÉRIA)
LAKSHMĪ
O
MĀYĀ
ILUSÃO
ESCURIDÃO
MUNDO OBJETIVO FENOMENAL

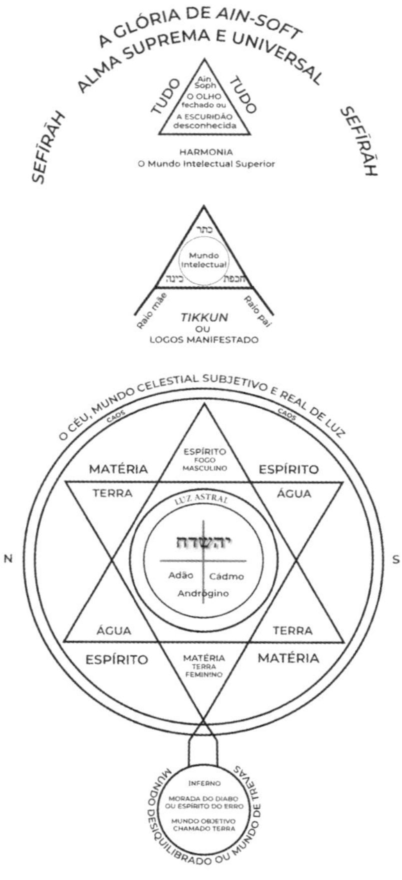

Tanto "ELE" quanto *Ain-Soph*, em sua primeira manifestação de Luz, emergindo da Escuridão, podem se resumir no *Svabhavat*, a Substância Eterna Autoexistente não criada que produz tudo, ao passo que tudo o que for de sua essência é produzido por sua própria natureza.

Espaço que circunda o triângulo superior

Quando a "Noite de *Brahmā*" chegou ao fim e soou a hora de o Autoexistente se manifestar por revelação, ele tornou sua glória visível ao enviar de sua Essência um Poder ativo, que, feminino no começo, torna-se subsequentemente andrógino. É *Aditi*, o "Infinito"[1], o Ilimitado, ou antes o "Desmedido". *Aditi* é a "mãe" de todos os deuses, e *Aditi* é o Pai e o Filho[2]. "Quem nos levará de volta ao Grande *Aditi*, para que eu possa ver pai e mãe?"[3] É em conjunção com essa Força Feminina que o Pensamento Divino mas latente produz a grande "Profundidade" — a água. "A água nasceu de uma transformação da luz (...) e de uma *modificação* da água nasceu a terra", diz *Manu* (livro I, 78).

"Sois filhos de *Aditi*, nascidos da água, vós que sois nascidos da terra, ouvi meu chamado."[4]

Nessa água (ou caos primevo), o andrógino "Infinito", que, com

[1] Na Rig-veda Samhitā, o significado dado por Max Müller é o de Absoluto, "pois deriva de 'diti', limite, e a partícula negativa a".

[2] "Hinos aos Maruts", I, 89, 10.

[3] *Ibid.*, I, 24, 4.

[4] *Ibid.*, X, 63, 2.

Espaço que circunda o triângulo superior

Quando chegou o período ativo, *Ain-Soph* emitiu, de sua própria essência eterna, *Sephīrāh*, o Poder ativo, chamado de Ponto Primordial, e a Coroa, *Kether*. Foi só através dela que a "Sabedoria Desmedida" pôde dar uma forma concreta ao seu Pensamento abstrato. Dois lados do triângulo superior, o lado direito e a base, são formados de linhas interrompidas; o terceiro, o do lado esquerdo, é formado por uma linha pontilhada. É através deste lado que emerge *Sephīrāh*. Espalhando-se em todas as direções, ela circunda finalmente todo o triângulo. Nessa emanação do princípio ativo feminino, a partir do lado esquerdo do triângulo místico, pressagia-se a criação de Eva a partir do lado esquerdo de Adão. Adão é o Microcosmo do Macrocosmo e é criado à imagem de Elohim. Na Árvore da Vida, החיים ץצ [*Etz Haiyim*], a Tríada tripla, está disposta de maneira que os três *Sephīrōth* masculinos fiquem à direita, os três femininos à esquerda, e os quatro princípios que os unem no centro. Do Orvalho Invisível que cai da "Cabeça" Superior, *Sephīrāh* cria a água primordial, ou o caos assumindo forma. É o a Causa Eterna, forma a primeira Tríada abstrata, representada por *AUM*, depositou a vida universal. É o Ovo Mundano em que ocorre a gestação de *Purusha*, ou o *Brahmā* manifesto. O germe que fecundou o Princípio-Mãe (a água) é chamado *Nara*, o Espírito Divino ou Espírito Santo[5][*], e as próprias águas são uma emanação dela, *Nārī*, enquanto o primeiro passo para a solidificação do Espírito, que, através de várias modificações, produzirá a terra[1]. "É preciso terra e água para fazer uma alma vivente", diz Moisés.

Quando *Sephīrāh* emerge, da Divindade latente, como um poder ativo, ela é feminina; quando assume o papel de um Criador, torna-se masculina; eis por

[5] É por isso que encontramos o Espírito Santo feminino em todas as teogonias filosóficas. As inúmeras seitas dos gnósticos têm Sofia; os cabalistas judaicos e os talmudistas, *Skekhīnah* (a veste do Supremo), que desceu entre os dois Querubins para o Assento da Misericórdia; e vemos até Jesus dizer, num texto antigo, que "Minha Mãe, o Espírito Santo, me chamou".

"As águas chamam-se *nara*, porque são um produto de *Nara*, ou o Espírito de Deus" (*Institutes of Manu*, I, 10; ed. Jones).

* Referência aos *Commentaria in evangelium Joannis*, de Orígenes, tomo II, p. 64 (vide Migne, *Patrologia graeca*, XI, col. 72), onde cita uma passagem do *Evangelho segundo os hebreus*: "*Modo accepit me mater mea sanctus Spiritus, uno capillorum meorum et me in montem magnum Thabor portavit*" – "Mãe, o Espírito Santo pegou-me por um dos meus cabelos e me levou para o grande monte Thabor". (N. do org.)

[1] George Smith cita os primeiros versículos do Gênese acádico tal como os encontrou nos Textos Ain-Soph; Bel, o Criador, o Espírito de Deus (*Sephīrāh*) movendo-se sobre a superfície das águas, ele próprio água; e *Hea*, a Alma Universal ou sabedoria combinada dos três.

Os oito versículos dizem o seguinte:

1. Em cima não estavam erguidos os céus;
2. E embaixo, sobre a terra, nenhuma planta havia crescido;
3. O abismo também não havia rompido os seus limites;
4. O caos [ou água] Tiamat [o mar] era a mãe que produzia todos os seres. [Esta é a *Aditi* Cósmica e *Sephīrāh*].
5. Aquelas águas foram ordenadas no princípio, mas
6. Nenhuma árvore havia crescido, nem uma flor havia desabrochado.
7. Os deuses não haviam surgido, nenhum deles;
8. Nenhuma planta havia crescido e a ordem não existia;

Este era o período caótico ou pré-genésico. [*The Chald. Acc. of Genesis* (1876), p. 62-3.]

Espírito que se move sobre as águas é chamado de *Nārāyana*[6].

"Naquele ovo, o grande Poder permaneceu inativo durante todo o *ano do Criador*, a cujo final, por seu próprio pensamento, fez com que o ovo se dividisse." A metade superior tornou-se o Céu, a inferior a Terra (ambos em sua forma ideal, não em sua forma manifestada).

Assim, essa segunda Tríada, apenas um outro nome para a primeira (nunca pronunciado em voz alta), e que é a *Trimūrti secreta* e primordial pré-védica verdadeira, consistia de

Nara, Pai Céu,
Nārī, Mãe Terra,
Virāj, o Filho – ou Universo.

A *Trimūrti*, que compreende *Brahmā*, o Criador, *Vishnu*, o Conservador, e *Śiva*, o Destruidor e Regenerador, pertence a um período posterior. É uma ilação antropomórfica, inventada para uma compreensão popular das massas não iniciadas. O *Díkshita*, o Iniciado, conhecia muito mais e melhor. Assim, essa profunda alegoria — com cores de uma fábula ridícula, dada no *Aitareya-Brāhmanam*[7], que é andrógina. Ela é o "Pai e a Mãe *Aditi*" da cosmogonia hindu. Após ter meditado sobre a "Profundidade", o "Espírito de Deus" produz a sua própria imagem na água, o Útero Universal, simbolizado em *Manu* pelo Ovo Dourado. Na cosmogonia cabalística, Céu e Terra estão personificados por Adão-Cadmo e pelo segundo Adão. A primeira Tríada Inefável, contida na ideia abstrata das "Três Cabeças", era um "nome de mistério". Ela se compunha de *Ain-Soph*, *Sephīrāh* e Adão-Cadmo, o *Protogonos*, sendo este idêntico ao primeiro, pois que era bissexual[2]. Em toda a Tríada existe um macho, uma fêmea e um andrógino. Adão-Sephīrāh é a Coroa (*Kether*). Ele se empenha na obra da criação, produzindo em primeiro lugar *Hokhmah*, Sabedoria Masculina, uma potência masculina ativa, representada por יה, Yāh, ou as Rodas da Criação, זברנפא [*Ophanim*], das quais procedeu *Binah*, Inteligência, potência feminina e passiva, que é *Yahveh*, יהוה, que vemos figurar na Bíblia como o Supremo. Mas este *Yahveh* não é

[6] *Nārāyana*, ou o que se move sobre as águas.

[7] Ver a tradução de Haug, III, iii, 33.

[2] Quando o poder feminino, ele é *Sephīrāh*; masculino, Adão-Cadmo, pois, como a primeira contém em si os outros Nove *Sephīrōth*, o último, em sua totalidade, incluindo *Sephīrāh*, está contido no Cadmo Arquetópico, o *πρωτόγονος*.

que resultou nas representações, em alguns templos, de *Brahmā-Nara*, sob a forma de um touro, e sua filha, *Aditi-Nārī*, na de uma bezerra – contém a mesma ideia metafísica da "queda do homem", ou do Espírito, na geração – a matéria. O Espírito Divino que tudo impregna, personificado sob os símbolos do Céu, do Sol e do Calor (fogo) – a correlação das forças cósmicas – fecunda Matéria ou Natureza, filha do Espírito. E o próprio *Brahmā* se vê forçado a se submeter e a suportá-la, à penitência das maldições de outros deuses (*Elo-him*) em razão desse incesto. (Ver coluna correspondente.) De acordo tom a lei imutável e, por conseguinte, fatal, *Nara* e *Nārī* são ao mesmo tempo Pai e Mãe, e também Pai e Filha[8]. A Matéria, por suas transformações infinitas, é o produto gradual do Espírito. A unificação de uma Causa Suprema Eterna exigiu essa correlação; e, se a Natureza é o produto ou o efeito dessa Causa, o *Yod-heva* cabalístico. O binário é a pedra angular da *Gnosis*. Assim como o binário é a Unidade que se multiplica e que é autocriadora, os cabalistas mostram que o *Ain-Soph* passivo "Desconhecido" faz emanar de si mesmo *Sephīrāh*, que, tornando-se luz visível, produz, diz-se, Adão-Cadmo. Mas, no sentido oculto, *Sephīrāh* e Adão são uma mesma luz, latente e ativa, invisível e visível. O segundo Adão, como o tetragrama humano, produz por sua vez Eva, em um dos seus lados. É com essa segunda Tríada que os cabalistas se ocuparam, dificilmente fazendo uma referência ao Supremo e ao Inefável, e nunca chegando a fazer qualquer declaração escrita. Todo conhecimento relativo a este último foi partilhado oralmente. É o *segundo* Adão, então, que é a unidade representada por *Yod*, emblema do princípio cabalístico masculino, e, ao mesmo tempo, ele é *Hokhmah*, *Sabedoria*, enquanto *Binah* ou *Yehovah* é Eva; o primeiro *Hokhmah* emanando de *Kether*, ou o andrógino, Adão-Cadmo, e o segundo, *Binah*, de *Hokhmah*. Se combinarmos com *Yod*, as três letras que formam o nome de Eva, teremos o divino tetragrama, pronunciado IEVO-HEVAH, Adão e Eva, יהזה, Jehovah, masculino e feminino, ou idealização da Humanidade corporificada no

[8] As mesmas transformações ocorrem na cosmogonia de qualquer nação importante. Assim, vemos, na mitologia egípcia, Ísis e Osíris, irmã e irmão, marido e esposa; e Hórus, o Filho de ambos, torna-se o marido de sua mãe, Ísis, produzido ambos um filho, Malouli. [Champollion-Figeac, Égypte ancienne, p. 245.]

ela deve, por sua vez, ser fecundada pelo mesmo Raio divino que produziu a própria Natureza. As alegorias cosmogônicas mais absurdas, se analisadas sem preconceito, estão sempre baseadas numa necessidade estrita e lógica. "O Ser nasceu do Não Ser" diz um verso do *Rig-Veda*[9]. O primeiro Ser teve de se tornar andrógino e finito, em virtude mesmo da sua criação como um Ser. E, assim, mesmo a *Trimūrti* sagrada, que contém *Brahmā*, *Vishnu* e *Śiva*, terá fim quando a "noite" de *Parabrahman* suceder ao "dia" atual, ou período de atividade universal.

A segunda Tríada, ou antes a primeira – pois a mais suprema é apenas uma abstração pura –, é o mundo intelectual. A *Vāch* que a circunda é uma transformação mais definida de *Aditi*. Além da sua significação oculta no Mantra secreto, *Vāch* é personificada como o poder ativo de *Brahmā* que procede dele. Nos *Vedas* ela fala de si mesma como a alma suprema e universal. "Trago o Pai sobre a cabeça [da mente universal], e *minha origem está no meio do oceano*, e, portanto, penetro todos os seres. (...) Dando origem a todos os seres, eu passo como a primeiro homem. É assim que podemos provar que, enquanto os cabalistas judaicos, em comum com os seus mestres iniciados, os caldeus e os hindus, adoravam o Deus Supremo e Desconhecido, no silêncio sagrado dos seus santuários, as massas ignorantes de todas as nações adoravam algo que era certamente menos do que a Substância Eterna dos budistas, os chamados ateus. Como Brahmā, a divindade manifestada no *Manu* mítico, ou o primeiro homem (nascido de Svayambhū, ou o Autoexistente), é finito, assim também Jeová, corporificado em Adão e Eva, é apenas um deus *humano*. Ele é o símbolo da Humanidade, uma mistura do bem com uma porção do mal inevitável, de espírito caído na matéria. Adorando Jeová, simplesmente adoramos a natureza, corporificada no homem, metade espiritual e metade material, no melhor dos casos: somos panteístas, quando não adoradores de fetiches, como os judeus idólatras, que sacrificavam em lugares elevados, nos bosques, ao princípio masculino e feminino personificado, ignorando *IAÔ*, o "Nome Secreto" Supremo dos Mistérios.

Shekīnāh é a *Vāch* hindu, adorada nos mesmos termos. Embora seja mostrada na Árvore da Vida cabalística como procedente da

[9] Mandala I, *Sūkta* 166: Max Müller.

brisa [Espírito Santo]. Estou acima desse céu, além dessa terra, e *aquilo que o Grande Ser for, eu o sou.*"[10] Literalmente, *Vāch* é a fala, o poder de despertar, por meio do arranjo métrico contido no número de sílabas dos Mantras[11], os poderes correspondentes no mundo invisível. Nos mistérios sacrificiais, *Vāch* desperta o *Brahmā* (*Brahmā jinvati*), ou o poder que repousa latente na base de toda operação mágica. Ela existe desde toda a eternidade como *Yajña* (sua forma latente), em estado dormente em *Brahmā* desde o "não começo", e procede dele sob a forma de *Vāch* (o poder ativo). É a chave da "*Traividyā*", a três vezes sagrada ciência que ensina os *Yajus* (os mistérios sacrificiais)[12].

Tendo falado da Tríada não revelada e da primeira tríada dos *Sephīrōth*, chamada de "mundo intelectual", pouco resta a ser dito. Na grande figura geométrica que tem um triângulo duplo, nona *Sephīrōth*, *Shekīnāh* é o "véu" de *Ain-Soph* e a "veste" de Jeová. O "véu", que durante longas eras ocultou o verdadeiro Deus supremo, o Espírito universal, e mascarou Jeová, a divindade exotérica, fez com que os cristãos o aceitassem como o "pai" do Jesus iniciado. Todavia, os cabalistas, bem como os *Dīkshita* hindus, conheciam o poder de *Shekīnah* ou *Vāch* e o chamavam de "sabedoria secreta", חמבח חרהסנ [*hokhmah* nistharah].

O triângulo teve um papel importante no simbolismo religioso de toda grande nação, pois, em toda parte, ele representou os três grandes princípios – espírito, força e matéria, ou o princípio ativo (masculino), passivo (feminino) e o dual, ou correlativo, que participa de ambos e os mantém unidos. Era o *Arba*, ou "quaternário"[3]

[10] Asiatic Researches (ed. 1805), vol. VIII, p. 391-92; tradução de Colebrooke.

[11] Como no sistema pitagórico numérico, cada número corresponde na Terra, ou no mundo dos efeitos, ao seu protótipo invisível no mundo das causas.

[12] Ver capítulo inicial, vol. I, a respeito da palavra *Yajña*.

[3] Eva é a trindade da natureza e Adão, a unidade do espírito; a primeira, o princípio material, criado; o último, o órgão ideal do princípio criador, ou, em outras palavras, esse andrógino é o princípio e o Logos, pois א é o macho e נ é a fêmea; e, como afirma Lévi, essa primeira letra da língua sagrada, Aleph, representa um homem apontando uma mão para o céu e a outra para a Terra É o macrocosmo e o microcosmo ao mesmo tempo e explica o triângulo duplo dos maçons e a estrela de cinco pontas. Enquanto o macho é ativo, o princípio feminino

o círculo central representa o mundo no universo. O triângulo duplo pertence a uma das mais importantes, senão a mais importante, figuras místicas da Índia. É o emblema da *Trimūrti*, ou três em um. O triângulo que tem o ápice voltado para cima indica o princípio masculino; voltado para baixo, o feminino; os dois tipificam, ao mesmo tempo, o espírito e a matéria. Esse mundo no universo infinito é o microcosmo no macrocosmo, como na *Cabala* judaica.

É o símbolo do útero do Universo, o ovo terrestre, cujo arquétipo é o ovo mundano dourado. É desse seio espiritual da mãe Natureza que procedem todos os grandes salvadores do Universo – os avatares da Divindade invisível.

"Daquele que é e que, portanto, não é, do não ser, Causa Eterna, nasceu o ser *Purusha*", diz Manu, o legislador. *Purusha* é o "macho divino", o *segundo* deus, e o *Avatar*, ou o *Logos*, de *Parabrahman* e seu filho divino, que por sua vez produziu *Virāj*, o filho, ou o tipo ideal do Universo. "*Virāj* inicia a obra da criação ao produzir os dez *Prajāpati*, 'os senhores de todos os seres'."[13]

kabiri, sumariado na unidade da Divindade suprema. Encontra-se nas pirâmides egípcias, cujos lados iguais se elevam até se perderem num ponto culminante. No diagrama cabalístico, o círculo central da figura bramânica é substituído pela cruz, a perpendicular celestial e a linha de base horizontal terrestre[4]. Mas a

[13] [*Manu*, livro I, II e s.; 33 e s.]

é passivo, pois é ESPÍRITO e MATÉRIA, significando esta última palavra, em quase todas as línguas, *mãe*. As colunas do templo de Salomão, Jachin e Boaz são emblemas do andrógino; são também, respectivamente, macho e fêmea, branco e preto, quadrado e redondo; o macho uma unidade, a fêmea um binário. Nos tratado cabalísticos tardios, o princípio ativo é mostrado como uma espada, רכז [*Zohar*], o passivo como uma bainha הכקנ [*negebah*], Ver *Dogme et rituel de la haute magie*, vol. I.

[4] A linha vertical é o princípio masculino, a horizontal é o feminino; a intersecção das duas linhas forma a CRUZ, o símbolo mais antigo na história egípcia dos deuses. É a chave do Céu nos dedos róseos de Neith, a virgem celestial, que abre o portão, na aurora, para a saída do seu primogênito o sol radiante. É o Stauros dos gnósticos e a cruz filosófica dos maçônicos de grau superior Este símbolo ornamenta também o *tee* dos mais antigos pagodes umbeliformes do Tibete, da China e da Índia, e também está na mão de Ísis, em forma de "cruz ansata". Numa das grutas *chaitya* de

De acordo com a doutrina de Manu, o Universo está sujeito a uma sucessão periódica e interminável de criações e dissoluções, períodos de criação que são chamados *Manvantaras*.

"É o germe [que o Espírito Divino produziu de sua própria substância] que nunca perece no ser, pois ele se torna a alma do Ser e, no período de *Pralaya* [dissolução], torna a se absorver *no Espírito Divino*, que repousa desde toda a eternidade em *Svayambhū*, o 'Auto-existente'"[14].

Como mostramos, nem os *Svābhāvikas* – filósofos budistas – nem os brâmanes acreditam numa criação do Universo *ex nihilo*, mas acreditam na *Prakriti*, a indestrutibilidade da matéria.

A evolução das espécies e o sucessivo aparecimento de diversos tipos novos estão claramente mostrados em *Manu*.

"Da terra, do calor e da água nasceram todas as criaturas, animadas ou inanimadas, produzidas pelo germe que o Espírito Divino extraiu de sua própria substância. Assim, *Brahmā* estabeleceu as séries de transformações da planta até o homem, e do homem até a essência primordial. (...) Entre elas, cada ser [ou ideia é a mesma: Adão-Cadmo é o tipo da humanidade como uma totalidade coletiva, na unidade de Deus criador e do espírito universal.

"Daquele que é sem forma, o inexistente (também a Causa eterna, mas *não* a Primeira), nasceu o homem celeste." Mas após ter criado a forma do homem celeste האלצוברא [Adam Π-la-ah], "usou-a como um veículo no qual ele desceu", diz a *Cabala*. Assim, Adão-Cadmo é o avatar do poder oculto. Após isso, Adão cria ou engendra, pelo poder combinado do *Sephīrōth*, o Adão terrestre. A obra de criação também é iniciada por *Sephīrāh* na criação dos dez *Sephīrōth* (que são os *Prajāpati* da *Cabala*, pois eles são igualmente os Senhores de todos os seres).

O *Zohar* afirma a mesma coisa. Segundo a doutrina cabalística, houve mundos antigos (*Zohar*, III, p. 292b). Tudo retornará um dia àquilo de onde procedeu. "Todas as coisas de que este mundo consiste, tanto o espírito quanto o corpo, voltarão ao seu princípio e às razões de onde procederam." (*Zohar*, II, 218b.) Os cabalistas também defendem a indestrutibilidade da matéria,

[14] *Manu*, livro I.

Ajanta, ele arremata as três umbelas de pedra e constitui o centro da abóbada.

elemento] sucessivo adquire a qualidade do precedente, e, à medida que galga um dos graus, ele é dotado de novas propriedades."[15]

Esta, acreditamos, é a verdadeira teoria dos evolucionistas modernos.

[15] *Manu*, livro I, śloka 20.
"Quando este mundo emergiu da obscuridade, os princípios elementares sutis produziram o germe vegetal que animou primeiramente as plantas; das plantas, a vida passou aos organismos fantásticos que nasceram no *ilus* (limo) das águas; depois, numa série de formas e de animais diferentes, chegou finalmente ao homem" (*Manu*, livro I; e *Bhāgavata-Purāna*).
Manu é um tipo conversível que não pode ser, de maneira alguma, explicado como uma personagem determinada. Manu significa às vezes humanidade, outras vezes homem. O Manu que procede do Svayambhū não-criado é, sem dúvida, o tipo de Adão-Cadmo. O Manu que é progenitor dos outros seis Manu é evidentemente idêntico aos *Rishis*, ou sete sábios primordiais, que são os ancestrais das raças pós-diluvianas. Ele é - como veremos no cap. VIII - Noé e os seus seis filhos, ou gerações posteriores, origem dos patriarcas pós-diluvianos e míticos da Bíblia.

embora sua doutrina seja ainda mais cuidadosamente encoberta que a dos hindus. A criação é eterna e o universo é a "veste" ou "o véu de Deus" – *Shekīnāh*, e este é imortal e eterno como Aquele no seio em que ele sempre existiu. Todo o mundo é estabelecido com base no padrão do seu predecessor, e cada vez mais grosseiro e material que o precedente. Na *Cabala*, todos eles tinham o nome de centelhas. (*Zohar*, III, p. 292b.) Finalmente, o nosso mundo atual, grosseiramente material, foi formado.

Na narrativa caldaica do período que precede à gênese do nosso mundo, Berosus fala de um tempo em que nada existia a não ser a escuridão; um abismo de águas, povoado de monstros horríveis, "produziu um princípio duplo. (...) Naquelas criaturas estavam combinados os membros do todas as espécies de animais. Além delas, havia peixes, répteis, serpentes e outros animais monstruosos, que assumiam as formas e as feições uns dos outros"[5].

[5] *Cory, Ancient Fragments*, p. 23-4.

Capítulo 9
A estrela de cinco pontas[108]

Ultimamente, inúmeras cartas foram recebidas no escritório de *The Theosophist* sobre a eficácia do misterioso Pentagrama. Nossos leitores orientais talvez desconheçam a grande importância dada pelos cabalistas ocidentais a esse signo, e, portanto, pode ser conveniente dizer algumas palavras sobre isso agora, quando ele está aparecendo tão proeminentemente diante de nossos leitores.

Como a estrela de seis pontas, que é a figura do *macrocosmo*, a estrela de cinco pontas tem seu próprio significado simbólico profundo, pois representa o *microcosmo*. O primeiro – o "triângulo duplo" composto por dois triângulos, um branco e outro preto, cruzados e entrelaçados, símbolo de nossa Sociedade –, conhecido

108 *The Theosophist*, 1881. (Nota Ed. Bras.).

como "Selo de Salomão" na Europa e como o "Signo de *Vishnu*" na Índia, pretende representar o espírito e a matéria universais, um ponto *branco* que simboliza o primeiro triângulo ascendendo para o céu e os dois pontos[109] do triângulo *preto* inclinado para a terra.[110]

O Pentagrama também representa espírito e matéria, mas apenas como manifestados sobre a Terra. Emblema do *microcosmo* (ou o "pequeno Universo") fielmente espelhando em si mesmo o *macrocosmo* (ou o grande Cosmo), é o sinal da supremacia do intelecto humano, ou espírito, sobre a matéria bruta.

A maioria dos mistérios da magia cabalista ou *cerimonial,* os símbolos gnósticos e todas as chaves cabalistas da profecia estão resumidos naquele pentagrama flamejante, considerado pelos praticantes da Cabala Caldaico-Judaica o instrumento mágico mais potente. Na evocação mágica, durante a qual a menor hesitação, erro ou omissão torna-se fatal para o operador, a estrela está sempre no altar onde se encontram o incenso e outras oferendas, e sob o tripé da invocação. De acordo com a posição de seus pontos, ele "atrai os espíritos bons

---

[109] [Deve-se ler: "o ponto mais baixo", corrigido pela própria H.P.B. Ver página 315 do Volume III dos *Collected Writings* – Compilador Boris de Zirkoff.]

[110] *Escritos Compilados de H. P. Blavatsky*, Brasília: Editora Teosófica, Volume III, p. 250.

ou maus, e os expulsa, retém ou captura", informam-nos os cabalistas. "Qualidades ocultas devem-se à agência de espíritos elementais", diz a *New American Cyclopedia* no artigo "Magia", fazendo uso do adjetivo "Elemental" para certos espíritos – uma palavra que, a propósito, os espíritas acusaram os teósofos de terem cunhado, conquanto a *N. A. Cyclopaedia* tenha sido publicada vinte anos antes do nascimento da Sociedade Teosófica. "Esta figura misteriosa [a estrela de cinco pontas] deve ser consagrada pelos quatro elementos, insuflada, polvilhada com água e seca na fumaça de perfumes preciosos, e então o nome dos grandes espíritos, como Gabriel, Rafael, Orifiel, e as letras do tetragrama sagrado e outras palavras cabalistas, são sussurrados e fantasticamente inscritos sobre ele", acrescenta a *Ciclopaedia,* copiando suas informações dos livros dos antigos cabalistas medievais, e a obra mais moderna de Éliphas Lévi – *Dogme et Rituel de la Haute Magie* (Dogma e Ritual da Alta Magia). Uma Londres cabalista moderna, estilizando um "Adepto", um correspondente de um jornal espiritualista de Londres, ridiculariza a Teosofia Oriental e, se pudesse, a tornaria subserviente à cabala judaica, com sua Angelologia e Demonologia caldaico-fenícia. Esse novo Cagliostro provavelmente explicaria o poder e a eficácia da "estrela de cinco pontas" pela interferência dos bons "gênios", evocados por ele; aqueles *jinns* que, ao estilo de Salomão, ele engarrafou, selando a boca do navio com o "Selo de

Salomão" servilmente copiado por esse potentado mítico do signo do *Vaishnava* indiano, juntamente com outras coisas trazidas por ele do não menos mítico Ofir, se é que seus navios jamais foram lá. Mas a explicação dada pelos teósofos para o sucesso ocasional obtido em aliviar a dor (como picadas de escorpião) pela aplicação do Pentagrama – um sucesso, a propósito, que com o conhecimento da causa que a produz pode com algumas pessoas se tornar permanente e certeiro – é um pouco menos *sobrenatural*, e rejeita todas as teorias da agência de "Espíritos" sejam esses espíritos *humanos* ou *elementais*. É verdade que a *forma de cinco pontas* da estrela tem algo a ver com isso, como agora será explicado, mas depende, e é totalmente subserviente ao principal agente da operação, o *alfa* e o ômega da força "mágica" – a VONTADE HUMANA. Toda a parafernália da magia cerimonial – perfumes, vestimentas, hieróglifos inscritos e múmias – é boa apenas para os iniciantes, o neófito cujos poderes têm que ser desenvolvidos, sua atitude mental durante as operações definida e sua VONTADE educada pela concentração em tais símbolos. O axioma cabalista de que o mágico pode se tornar o mestre dos Espíritos Elementais apenas superando-os em coragem e audácia em seus próprios elementos, tem um significado alegórico. Foi só para testar a força moral e a ousadia do candidato que as terríveis provas de iniciação em mistérios antigos foram inventadas pelos hierofantes; e, portanto, o neófito que se mostrava destemido na água, no fogo, no ar e nos terrores de uma escuridão ciméria, era reconhecido como tendo se tornado o mestre das Ondinas, das Salamandras, dos Silfos e dos Gnomos. Ele os tinha "forçado à obediência", e "poderia evocar os espíritos", pois, tendo estudado e se familiarizado com a essência última da natureza oculta ou secreta e as respectivas propriedades dos Elementos, poderia produzir à vontade as mais maravilhosas manifestações ou fenômenos "ocultos" pela combinação de tais propriedades, combinações até então desconhecidas do profano, uma vez que a ciência progressista e exotérica, que avança lenta e cautelosamente, apenas pode dirigir suas descobertas uma a uma, em ordem sucessiva, pois até agora tem desprezado aprender com aqueles que haviam compreendido todos os mistérios da Natureza longas eras antes. Muitos são os segredos ocultos que a ciência esquadrinhou e retirou da velha magia, e ainda assim ela não lhes dá crédito nem mesmo pelo que comprovadamente era conhecido pelos antigos cientistas esotéricos, ou "Adeptos". Mas não divaguemos de nosso assunto, e nos voltemos agora para a misteriosa influência do Pentagrama.

"O que há em um signo?", perguntarão nossos leitores. "Não mais do que em um nome" respondemos – nada, exceto que, como dito acima, ele ajuda a concentrar a atenção, e portanto a fixar a VONTADE do operador em um determinado ponto. É o fluido magnético ou mesmérico, que flui das extremidades dos dedos da mão traçando a figura, que cura, ou pelo menos interrompe a dor aguda entorpecendo os nervos, e não a figura *per se*. E ainda há alguns proficientes que são capazes de demonstrar que a *estrela de cinco pontas*, cujos pontos representam os cinco membros cordiais [*sic*] ou os canais do homem – a cabeça, os dois braços e as duas pernas –, de onde as correntes mesméricas emitem o mais forte, o mais simples traço dessa figura (um traço produzido com muito mais eficácia com as extremidades do que com tinta, giz ou lápis), ajudado por um forte desejo de aliviar a dor, o que muitas vezes forçará inconscientemente o fluido curativo de todas essas extremidades, com muito mais força do que de outra forma.

A fé na figura é transformada em vontade intensa, e a vontade em energia; e a energia de qualquer sentimento ou causa que possa proceder, é certo que repercutirá em algum lugar e atingirá o lugar com mais ou menos força; e, naturalmente, esse lugar será a localidade sobre a qual a atenção do operador está concentrada naquele momento; e, portanto, a cura é atribuída pelo hipnotizador autoignorante ao PENTAGRAMA. Schelling observa com veracidade que

> "embora a magia tenha, em geral, deixado de ser um objeto de atenção séria (...), teve uma história que a liga,

> por um lado, aos mais altos temas do simbolismo, da Teosofia e da ciência primitiva, bem como, por outro lado, aos ridículos ou trágicos delírios das muitas formas de demonomania (...). Na mitologia grega, as ruínas de uma inteligência superior e até mesmo de um sistema perfeito deveriam ser encontradas, que chegariam muito além do horizonte que os registros escritos mais antigos nos apresentam (...) e *partes* do mesmo sistema podem ser descobertas na cabala judaica.[111]

Esse "sistema perfeito" está agora nas mãos de alguns proficientes no Leste. A legitimidade da "Magia" pode ser contestada pelos preconceituosos; sua realidade como arte, e especialmente como ciência, dificilmente pode ser questionada. Também não é posta em dúvida por todo o clero Católico Romano, embora seu medo de se tornar uma testemunha formidável contra a legitimidade de sua própria ascensão os force a apoiar o argumento de que suas maravilhas se devem a espíritos malignos ou "anjos caídos". Na Europa ainda há "alguns professores e adeptos eruditos e respeitáveis", admite a mesma *Ciclopaedia*. E, em todo o mundo "pagão", podemos acrescentar, sua realidade é quase universalmente admitida e seus proficientes são numerosos, embora tentem evitar a atenção do mundo cético.

---

111 *The Theosophist,* Vol. II, nº 11, agosto de 1881, p. 240-241.

Capítulo 10
Estrelas de seis e cinco pontas[112]

Nossas autoridades para representar o *pentagrama* ou estrela de cinco pontas como o *microcosmo*, e o triângulo duplo de seis pontas como o *macrocosmo*, são os cabalistas ocidentais mais conhecidos – medievais e modernos. Éliphas Lévi (Abade Constant) e, acreditamos, Khunrath, um dos maiores ocultistas dos últimos tempos, dão suas razões para isso. Em *Rosicrucians*, de Hargrave Jennings, é dado o feitio correto do microcosmo com o *homem* no centro do Pentagrama. Não há objeção para publicar suas especulações, salvo uma – a falta de espaço em nossa revista, uma vez que exigiria uma enorme quantidade de explicações para deixar claro seu significado esotérico. Mas sempre será encontrado espaço para corrigir alguns equívocos naturais que podem surgir na mente de

[112] *The Theosophist*, novembro de 1881. (Nota Ed. Bras.)

alguns de nossos leitores, devido à necessária brevidade de nossas notas editoriais. Como a questão levantada não provoca nenhuma discussão para mostrar o interesse demonstrado no assunto, essas notas tocam apenas superficialmente todas as perguntas. A excelência do artigo publicado acima, e as muitas observações valiosas nele contidas, nos proporcionam agora uma oportunidade de corrigir tais erros na mente do autor.

Como entendido no Ocidente, *Espírito* e *Matéria* têm, para os verdadeiros cabalistas, seu principal significado simbólico nas *respectivas cores* dos dois triângulos entrelaçados, e não se relacionam de forma alguma com nenhuma das linhas que ligam as próprias figuras. Para o filósofo cabalista e hermético, tudo na Natureza aparece sob um aspecto trítico; tudo é uma multiplicidade e trindade na unidade, e é representado por ele tão simbolicamente em várias figuras geométricas. "Deus geometriza", diz Platão. Os "Três Rostos Cabalistas" são as "Três Luzes" e as "Três Vidas" de *EN-SOPH* (o *Parabrahma* dos ocidentais), também chamado de "Sol Invisível Central". O "Universo é seu Espírito, Alma e Corpo", suas "Três Emanações". Esta natureza trina – a natureza puramente *Espiritual*, puramente *Material* e a Média (ou matéria imponderável, da qual é composta a alma astral do homem) – é representada pelo triângulo equilátero, cujos três lados são iguais, porque esses três princípios estão difundidos em todo o Universo em proporções iguais; e, sendo a LEI UNA na Natureza o perfeito EQUILÍBRIO, são eternos e coexistentes. A simbologia ocidental, então, com uma variação insignificante, é idêntica à dos arianos. Os nomes podem variar, e detalhes insignificantes podem ter sido acrescentados, mas as ideias fundamentais são as mesmas. O triângulo duplo representando de forma simbólica o MACROCOSMO, ou grande Universo, contém em si mesmo, além da ideia da *dualidade* (como mostrado nas *duas* cores e nos *dois* triângulos, o Universo de ESPÍRITO e o de MATÉRIA), a da Unidade, a da Trindade, a da *TETRAKTYS* (TETRÁCTIS, ou TÉTRADE) Pitagórica – o Quadrado perfeito – e até o Dodecágono e o Dodecaedro.

Os antigos cabalistas caldaicos – mestres e inspiradores da cabala judaica – não eram os antropomórficos do Antigo Testamento ou dos dias atuais. Seu *EN-SOPH* – o Infinito e o Sem Limites – "tem uma forma e depois não tem forma alguma", diz o Livro do *Zohar*[113], e logo explica o enigma acrescentando: "O Invisível assumiu uma forma quando chamou o Universo à *existência*", isto é, a Deidade só pode ser vista e concebida em natureza

[113] *Zohar* – Livro do Esplendor, escrito por Shimon ben Yochai, no primeiro século a.C.; de acordo com outros, no ano 80 d.C.. (Rf. ao *Zohar*, III, p. 288, Amst. ed., 1714. – Compilador Boris de Zirkoff.)

objetiva – panteísmo puro. Os três lados dos triângulos representam, para os ocultistas tanto quanto para os arianos, *espírito, matéria* e *natureza média* (este último idêntico, em seu significado, ao *espaço*); daí também as energias *criativas, conservativas* e *destrutivas* tipificadas nas "Três Luzes". A *primeira* luz infunde vida inteligente e *consciente* em todo o Universo, correspondendo assim à energia *criativa;* a *segunda* luz produz incessantemente formas a partir da matéria preexistente cósmica e dentro do círculo cósmico, portanto é a energia *conservativa;* a *terceira* luz produz todo o Universo da matéria física bruta; e, como a última continua gradualmente recuando da luz espiritual central, seu brilho diminui, e torna-se *Escuridão* ou MAL, levando à Morte. Portanto, torna-se a energia *destrutiva* que encontramos sempre operando em formas e configurações – as temporárias e as mutantes. As *Três Faces Cabalistas* do "ANTIGO dos Antigos", que "não tem rosto", são as divindades arianas, respectivamente chamadas de *Brahmā, Vishnu* e *Rudra ou Śhiva.* O triângulo duplo dos cabalistas está encerrado dentro de um círculo representado por uma serpente engolindo sua própria cauda (emblema egípcio da eternidade) e, às vezes, por um simples círculo (ver o Selo Teosófico). A única diferença que podemos ver entre a simbologia ariana e a simbologia ocidental do triângulo duplo – a julgar pela explicação do autor – reside em sua omissão de notar o significado profundo e especial no que ele chama de "o zênite e o zero", se o entendemos corretamente. Com os cabalistas ocidentais, o ápice do triângulo branco se perde (o significado sendo o mesmo na pirâmide egípcia)[114] no zênite, o mundo da pura imaterialidade ou espírito puro, enquanto o ângulo inferior do triângulo preto[†], apontando para baixo em direção ao *nadir*, mostra – para usar uma frase muito prosaica dos hermetistas medievais – a matéria pura, ou melhor, "matéria impura" como "purgações grosseiras do fogo celestial" (Espírito) atraídos para o vórtice da aniquilação, aquele mundo inferior, onde formas e configurações e vida consciente desaparecem para serem dispersas e retornarem à mãe-fonte – a matéria cósmica. O mesmo se dá com o ponto central e a cavidade central, que de acordo com o ensinamento purânico "é considerada a sede de *Avyaktabrah*,

---

114 Um arqueólogo francês de renome, Dr. E. Rebold, mostra a grande cultura dos egípcios 5000 a.C., afirmando a várias autoridades que naquela época havia nada menos do que "trinta ou quarenta colégios de sacerdotes iniciados que estudavam ciências ocultas e magia prática". (*Histoire générale de la Franc-Maçonnerie*, Paris, 1851.)

† No exemplar de agosto (1881) de *The Theosophist,* um erro foi introduzido, o qual agora precisa ser corrigido. Na página 240 (segunda coluna, linha 16 da "Nota do Editor") diz-se: "os *dois* pontos de seu triângulo *preto* que se inclinam para a terra", enquanto deve-se ler: o "ponto *inferior* de seu triângulo *preto*", uma vez que o triângulo preto tem seus dois ângulos formando sua base invertida. [p. 316]

ou a Deidade não manifestada". Os ocultistas que geralmente desenham a figura assim,

em vez de um simples ponto central, geométrico (que, sem comprimento, largura ou espessura, representa o "Sol Central" invisível, a luz da "divindade não manifestada"), muitas vezes colocam a *crux ansata* (a TAU egípcia), no *zênite* do qual em vez de uma mera linha reta – eles substituem por um círculo – símbolo do Espaço ilimitado e não criado, cuja cruz assim modificada tem quase o mesmo significado que a "cruz mundana" dos antigos hermetistas egípcios, uma cruz dentro de um círculo. Portanto, é errado dizer que a

Nota Editorial afirma que o triângulo duplo representa "Espírito e matéria *apenas*" pois representa tantos emblemas que um volume não seria suficiente para explicá-los.

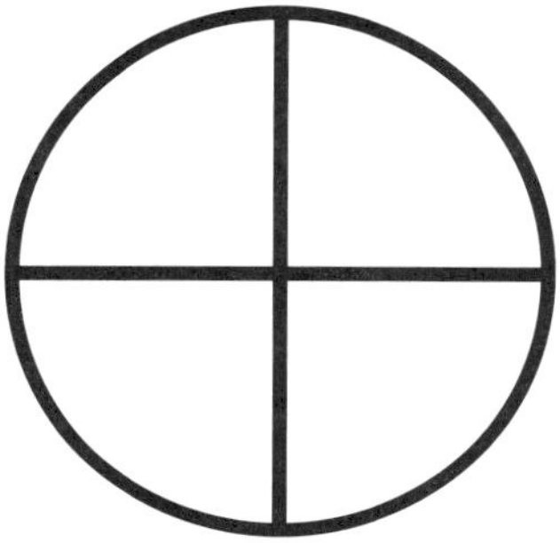

Diz o nosso crítico: "Se, como a senhora diz, o 'triângulo duplo' pretende representar o espírito universal e a matéria apenas, a objeção de que dois lados – ou quaisquer duas coisas – não possam formar um triângulo, ou que *um triângulo não possa representar uma coisa* – um *espírito* apenas ou a *matéria* apenas –, como a senhora parece ter feito pela distinção de *branco* e *preto,* permanece inexplicável." Acreditando que agora explicamos suficientemente algumas das dificuldades, e mostramos que os cabalistas ocidentais sempre consideraram a "trindade na unidade" e *vice-versa,* podemos acrescentar que os pitagóricos explicaram a "objeção", na qual autor das palavras acima insistiu especialmente, cerca de 2.500 anos atrás. Os números sagrados dessa escola – cuja ideia principal era que existia um princípio permanente de unidade sob todas as forças e mudanças fenomenais do Universo – não incluíam o número *dois* ou o *duad* (díada, díade ou par) entre os outros. Os pitagóricos se recusavam a reconhecer esse número, mesmo como uma ideia abstrata, precisamente naquele terreno em que na geometria era impossível construir uma figura com apenas duas linhas retas. É óbvio que, para fins simbólicos, o número não pode ser identificado com qualquer figura circunscrita, seja um plano ou uma figura geométrica sólida, e, portanto, como não poderia representar uma unidade em uma multiplicidade como qualquer outra figura poligonal pode, não poderia ser considerado um número sagrado. O número *dois*, representado em geometria por uma linha horizontal dupla == e nos numerais romanos por uma linha perpendicular dupla || e uma linha com comprimento, mas sem largura ou espessura, tinha que ter outro numeral adicionado a ele antes que pudesse ser aceito. É apenas em conjunto com o número *um* que, tornando-se o triângulo equilátero, ele pode ser chamado de figura. Fica, portanto, evidente por que, tendo que simbolizar *espírito* e *matéria* – o Alfa e o Ômega no Cosmo –, os hermetistas tiveram que usar dois triângulos entrelaçados – uma "trindade na unidade" –, fazendo com que o primeiro tipificasse o "espírito" – *branco,* com o giz – e o posterior tipificasse a "matéria" – *preto,* com o carvão.

À pergunta – "o que os outros dois pontos *brancos* significam, se o único ponto branco ascendente ao céu simboliza o espírito" – respondemos que, de acordo com os cabalistas, os dois pontos mais baixos significam "espírito caindo na geração", ou seja, a centelha divina pura já misturada com a matéria do mundo fenomenal. A mesma explicação vale para os dois ângulos pretos da linha horizontal, ambos os terceiros pontos, mostrando, um, a purificação progressiva do espírito, e o outro, a rusticidade progressiva da matéria. Mais uma vez, dizer que "qualquer pensamento para cima ou para baixo" na "ideia sublime do Cosmo" parece "não apenas revoltante, mas irreal" é se opor a qualquer coisa abstrata ser simbolizada em uma imagem concreta. Então por que não se desfazer completamente de todos os sinais, incluindo o de *Vishnu*, e todas as explicações eruditas oferecidas pelo autor? E por que a ideia *cabalista* deveria ser mais revoltante do que a de "Morte-Devorador-Tempo", a última palavra sendo um sinônimo de Eternidade Sem Fim, representada por um círculo em torno do triângulo duplo? Estranha inconsistência, que, aliás, destoa inteiramente do resto do artigo! Se o autor não encontrou "em nenhum lugar a ideia de um triângulo *branco* e o outro *preto*" é simplesmente porque ele nunca estudou, nem provavelmente viu, os escritos dos cabalistas ocidentais e suas ilustrações.

As explicações acima dadas por nós contêm a chave para a fórmula pitagórica geral de unidade na multiplicidade, o UM evoluindo em muitos e permeando os muitos e o todo. Sua DÉCADA mística 1 + 2 + 3 + 4 = 10 expressa toda a ideia; não só está longe de ser "revoltante", mas é positivamente sublime. O UM é a Deidade, o DOIS a *matéria* (a figura tão desprezada por eles como matéria em si nunca pode ser uma unidade consciente),[115] o TRÊS (ou Triângulo) que combina a *Mônada* e a *Duad* (o par), que, participando da natureza de ambos, torna-se a tríade ou o mundo fenomenal. O Tétrade ou sagrado *TETRAKTYS* (TETRÁCTIS), a forma de perfeição para os pitagóricos, expressa ao mesmo tempo o vazio de tudo, *MĀYĀ*, enquanto a DÉCADA, ou soma de todos, envolve todo o Cosmo. "O Universo é a combinação de mil elementos, e ainda assim a expressão de um único elemento – harmonia absoluta ou espírito –, um caos para os sentidos, um Cosmo perfeito para a razão", dizemos em *Ísis Sem Véu*.[†] Pitágoras aprendeu sua filosofia na Índia; daí a semelhança nas ideias fundamentais dos antigos Iniciados Bramânicos e Pitagóricos. Ao definir o *Shatkon,* o autor diz que "representa o grande Universo (*Brahmānda*), todo o infinito *Mahākāśa*, com todos os mundos planetários e estelares nele contidos";

---

[115] Veja em Sankhya – *Purusha* e *Prakriti* de Kapila: apenas os dois combinados ao formar uma unidade performática podem se manifestar no mundo dos sentidos.

† Em *Ísis Sem Véu*, vol. I, p. xvi, temos esta frase: "O Universo é a combinação de mil elementos, e ainda a expressão de um único espírito – um caos para os sentidos, um Cosmo para a razão." (Nota do compilador Boris Zirkoff.)

ele só repete, em outras palavras, a explicação dada por Pitágoras e os filósofos herméticos da estrela hexagonal ou "Triângulo Duplo" como mostrado acima.

Nem achamos muito difícil preencher a lacuna deixada em nossa breve nota no exemplar de agosto quanto aos "restantes três pontos dos dois triângulos" e os três lados de cada um dos "triângulos duplos" ou do círculo em torno da figura. Como os hermetistas simbolizavam tudo visível e invisível, eles não podiam deixar de fazê-lo para o *macrocosmo* em sua completude. Os pitagóricos que incluíram em sua DÉCADA todo o Cosmo tinham pelo número doze reverência ainda maior, pois representavam os sagrados *Tetraktys* (tetráctis) multiplicados por três, o que dava uma trindade de quadrados perfeitos chamados *Tétrades ou Tétradas*. Os filósofos herméticos ou ocultistas que seguiam seus passos representavam este número doze no "Triângulo Duplo" – o grande Universo ou *Macrocosmo*, como mostrado nesta figura –, e incluíam nele o pentagrama ou *microcosmo*, chamado por eles de pequeno Universo.

Dividindo as doze letras dos ângulos externos em quatro grupos de *tríades*, ou três grupos de *Tetraktys* (tetráctis), eles obtiveram o *dodecágono*, o polígono geométrico regular, limitado por *doze* lados iguais e contendo *doze* ângulos iguais, que simbolizavam, para os antigos caldeus, os doze "grandes deuses"[116], e, para os cabalistas hebraicos, os dez *Sefirot*, ou poderes criativos da Natureza, emanados de Sefirá (Luz Divina) – ela mesma a Sefirá chefe e emanação de *Hokhmah* [ou *Chokmah*], a Sabedoria Suprema (a sabedoria *não manifestada)*, e *EN-SOPH*; isto é, três grupos de Tríades do *Sefirot* e uma quarta Tríade, composta por *Sefirá, En-Soph* e "*Hokhmah*", a Sabedoria Suprema "que não pode ser entendida pela reflexão", e que "está escondida *dentro* e *fora* do crânio da Face Longa";[†] a cabeça superior do triângulo superior, formando os "Três Rostos Cabalísticos", compõem os *doze*. Além disso, as doze figuras dão dois quadrados ou as *Tetraktys* (tetráctis) duplas, representando, na simbologia pitagórica dos dois mundos – o espiritual e o físico –, os dezoito ângulos internos e seis centrais que rendem, além de 24, o dobro do número

---

[116] De acordo com *Aitareya Brāhmanam* de Haug, o *monas* hindu (Mente) ou Bhagavant não cria mais do que a *monas pitagórica*. Ele entra no ovo do mundo e emana dele como *Brahma*, como ele mesmo (Bhagavant) não tem primeira causa (*apūrva*). *Brahma* como Prajâpati se manifesta como a *Sefirá* andrógina, em primeiro lugar, como os dez *Sefirots*, na condição dos doze corpos ou atributos que são representados pelos doze deuses simbolizando: 1 – Fogo; 2 – o Sol; 3 – Soma; 4 – todos os seres vivos; 5 – *Vayu*; 6 – Morte, *Shiva*; 7 – Terra; 8 – Céu; 9 – *Agni*; 10 – *Aditya*; 11 – Mente; 12 – o grande Ciclo Infinito que não deve ser interrompido. Isto, com algumas variações, é puramente a ideia cabalista dos *Sefirots*.

† *Idrah Rabbah* (Grande Assembleia Santa), vi, § 58.

macrocósmico sagrado, ou os 24 "poderes divinos não manifestados". Seria impossível enumerá-los em um espaço tão curto. Além disso, é muito mais razoável, em nossos dias de ceticismo, seguir a dica de Jâmblico, que diz que "os poderes divinos

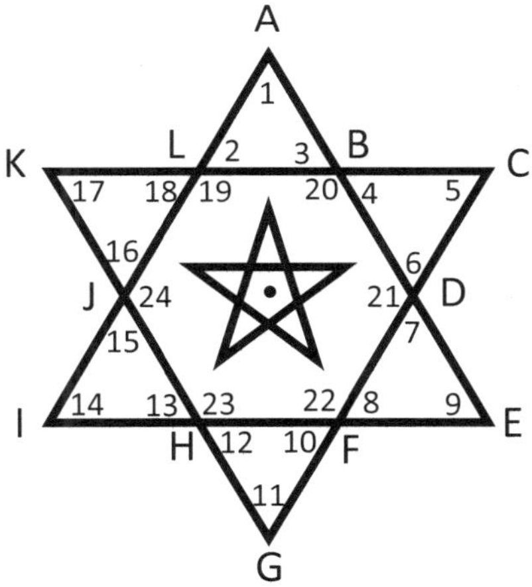

sempre se sentem indignados com aqueles que consideram manifestada a composição dos *icoságonos*", isto é, que entregaram o método de inscrever em uma esfera o *dodecaedro* – uma das *cinco* figuras sólidas em geometria, contidos nos *doze* pentágonos iguais e regulares, o significado secreto cabalista do qual nossos oponentes fariam bem em estudar.[117]

[117] Este assunto difícil é muito esclarecido e ampliado na obra de L. Gordon Plummer intitulada *The Mathematics of the Cosmic*

Além de tudo isso, como mostrado no "Triângulo Duplo" acima, o pentagrama dá a chave em seu centro para o significado dos filósofos herméticos e cabalistas. Tão conhecido e espalhado é este sinal duplo de que ele pode ser encontrado sobre a porta de entrada do *Lha-Khang* (templo contendo imagens budistas e estátuas) em cada *Gompa* (lamaseria) e muitas vezes sobre o relicário chamado no Tibete de *Doong-ting*. Os cabalistas medievais nos dão em seus escritos a chave para o seu significado. "O homem é um pequeno mundo dentro do grande Universo", ensina Paracelso. "Um microcosmo, dentro do macrocosmo, como um feto, ele é suspenso por seus três espíritos principais na matriz do Universo." Estes três espíritos são descritos como duplos: (1) o espírito dos Elementos (corpo terrestre e princípio vital); (2) o espírito das estrelas (corpo sideral ou *astral*, e a *vontade* o governa); (3) o espírito do mundo espiritual (as almas animais e espirituais) – o *sétimo* princípio é um espírito quase *imaterial*, ou o divino *Augoeides*, *Atmā*, representado pelo ponto central, que corresponde ao umbigo humano. Este *sétimo* princípio é o Deus *Pessoal* de cada homem, dizem os antigos ocultistas ocidentais e orientais.

Mind (A Matemática da Mente Cósmica), publicada privadamente em 1966, em que todos os sólidos geométricos são explicados em termos da Filosofia Esotérica. (Nota do compilador Boris Zirkoff)

Portanto, as explicações dadas pelo nosso crítico do *Shatkon* e *Pañchkon* mais corroboram do que destroem nossa teoria. Falando dos cinco triângulos compostos de "cinco vezes *cinco*", ou 25 pontos, ele observa, a respeito do pentagrama, que é um "número de outra forma correspondente aos 25 *elementos* que fazem uma criatura humana viva". Ora, supomos que por "elementos" o autor queira dizer exatamente o que os cabalistas dizem quando ensinam que as emanações dos 24 "poderes não manifestados" divinos, cujo "inexistente", ou "Ponto Central", é o 25º, fazem um ser humano perfeito? Mas em que outro aspecto a frase acima – sem contestar o valor relativo das palavras "elemento" e "emanação" –, fortalecida, além disso, à medida que encontramos uma observação adicional do autor de que "toda a figura do microcosmo (...) o mundo interior do ser vivo individual (...) uma figura que é o sinal de *Brahmā*, a energia *criativa* deificada" –, em que aspecto, perguntamos, ela se choca tanto com nossa afirmação de que alguns proficientes (na filosofia hermética) e cabalistas consideram os cinco pontos do pentagrama como representando os cinco membros cardeais do corpo humano? Não somos discípulos ardentes ou seguidores dos cabalistas *ocidentais;* no entanto, sustentamos que nisso eles estão certos. Se os 25 elementos representados pela estrela de cinco pontas compõem "uma criatura humana viva", então esses elementos são todos vitais, sejam eles mentais ou físicos, e a figura simbolizando a "energia *criativa*" dá mais força à ideia cabalista. Cada um dos cinco elementos brutos – terra, água, fogo, ar (ou "vento") e éter – entram na composição do homem; e se dizemos "cinco órgãos de ação" ou os "cinco membros", ou ainda "os cinco sentidos", sempre discutiremos ninharias, pois significam todos a mesma coisa. A maioria, sem dúvida, dos "proficientes" poderia explicar pelo menos tão satisfatoriamente *sua reivindicação* como o autor a contradiz e a nega, explicando a sua.

No *Codex Nazaraeus*, o mais cabalista dos livros, o Rei Supremo da Luz e o chefe *Eon* (MANO) emana os cinco *Eons* – ele próprio, com o Lorde Ferho (a "vida sem forma desconhecida" da qual ele é uma emanação), compondo os *sete* que tipificam novamente os *sete* princípios no Homem. Os cinco são puramente materiais e semi-materiais, e os dois mais elevados quase *imateriais* e *espirituais* (ver *Fragments of Occult Truth* (Fragmentos da Verdade Oculta).[118]

Cinco raios de luz refulgente procedem de cada um dos *sete Eons*, cinco destes emanando da cabeça, das duas mãos estendidas e dos dois pés do *Homem*, representados na estrela de cinco pontas; *um* envolvendo-o como

[118] As três primeiras partes desta série foram publicadas no *The Theosophist*, Vol. III, out., 1881, março e setembro de 1882. Foram escritos por A. O. Hume. As partes posteriores da série foram da pena de A. P. Sinnett. (Nota do compilador Boris Zirkoff)

uma névoa e o *sétimo* estabelecendo-se como uma estrela brilhante sobre sua cabeça. A ilustração pode ser vista em vários livros antigos sobre o *Codex Nazaraeus* e a *Cabala*. É de admirar, pois, que a eletricidade, ou o magnetismo animal, passem muito poderosamente pelos cinco membros cardeais do homem, e que os fenômenos do que agora é chamado de força "mesmérica" tenham sido estudados nos templos do Egito e da Grécia Antigos e dominados como nunca se espera que sejam dominados em nossa era de negação estúpida e *a priori*, os antigos cabalistas e filósofos que simbolizavam todo o poder da Natureza, devessem, por razões perfeitamente evidentes para aqueles que conhecem alguma coisa das ciências arcaicas e das misteriosas relações que existem entre números, figuras e ideias, optar por representar os *cinco* membros cardeais do homem – a cabeça, os dois braços e as duas pernas – nos cinco pontos do pentagrama? Éliphas Lévi, o moderno cabalista, vai tão longe, se não mais longe do que seus irmãos antigos e medievais, pois diz, em seu *Dogme et Rituel de la Haute Magie* (p. 175):

> O uso cabalista do pentagrama pode determinar o semblante de bebês não nascidos, e uma mulher iniciada pode dar ao seu filho as características de Nereu ou Aquiles, como as de Luís XIV, ou Napoleão.[119]

---

[119] *Collected Writings of H.P. Blavatsky*, Volume III, p. 324,

A *luz astral* dos ocultistas ocidentais é o *Akāśa* dos hindus. Muitos destes não estudam suas misteriosas correlações, nem sob a orientação de cabalistas iniciados, nem da de seus próprios brâmanes iniciados, preferindo *Prajña-Paramita* – sua própria opinião pessoal.

Compilador por Boris de Zirkoff. (Nota Ed. Bras.)

Capítulo 11
Sete planos e princípios [120]

CLASSIFICAÇÃO DOS "PRINCÍPIOS"

Em uma palestra muito admirável do Sr. T. Subba Row sobre a *Bhagavad-Gitā*[121], publicada no exemplar de fevereiro de *The Theosophist*[122], o palestrante trata, inci-

---

[120] *Collected Writtings,* H. P. Blavatsky, Compilador Boris de Zirkoff, p. 284. [*The Theosophist,* Vol. VIII, abril de 1887, p. 448-459]. (Nota Ed. Bras.)

[121] Ver *Escritos Esotéricos,* T. Subba Row, Brasília: Ed. Teosófica, 2019. (Nota Ed. Bras.)

[122] Esta palestra faz parte de uma série de palestras proferidas por T. Subba Row sob o título geral de *Notes on the Bhagavad-Gitā.* A palestra introdutória desta série foi dada por ele na Convenção de Aniversário, em Adyar, em dezembro de 1885, e foi publicada no *The Theosophist*, vol. VII, fevereiro de 1886, p. 281-85. As quatro palestras – das quais a referida e citada por H.P.B. no presente artigo é a primeira – foram proferidas um ano depois, na

dentalmente, como acredito, da questão dos "princípios" setenários no Cosmo e no Homem. A divisão é bastante criticada, e o agrupamento até então adotado e favorecido nos ensinamentos teosóficos é resolvido em um de *Quatro*.

Essa crítica já deu origem a alguns mal-entendidos, e alguns argumentos ofendem os ensinamentos originais. Essa *aparente* discordância com alguém cujos pontos de vista são justamente considerados quase decisivos em assuntos ocultos em nossa Sociedade é certamente uma manobra perigosa para dar aos oponentes que estão sempre alertas para detectar e disseminar contradições e inconsistências em nossa filosofia. Portanto, sinto que é meu dever demonstrar que, na verdade, *não há* inconsistência entre as visões do Sr. Subba Row e as nossas, no que tange à divisão setenária, e mostrar (*a*) que o conferencista estava perfeitamente familiarizado

---

Convenção de Aniversário em Adyar, de 27 a 31 de dezembro de 1886. Elas apareceram originalmente no *The Theosophist*, vol. VIII, fevereiro, março, abril e julho de 1887. Foram publicadas mais tarde em forma de livro, por Tookaram Tatya, Bombaim, 1888, embora algumas omissões ocorram nesta edição. A melhor edição de toda esta série é a publicada pela Theosophical University Press, Point Loma, Califórnia, 1934, que incorpora correções no texto que o próprio T. Subba Row considerava necessárias na época (ver *The Theosophist*, Vol. VIII, maio de 1887, p. 511). – *Escritos Compilados de H. P. Blavatsky*, Boris de Zirkoff, Compilador, [p. 285].

com a divisão setenária antes de ingressar na Sociedade Teosófica; (*b*) que ele sabia que se tratavam dos ensinamentos dos antigos "filósofos arianos [que] associavam sete poderes *ocultos* aos sete princípios" no Macrocosmo e no microcosmo (ver o final deste artigo); e (*c*) que desde o princípio ele se opusera não à classificação, mas à forma com que ela foi expressa. Portanto, agora, quando ele chama a divisão de "não científica e enganosa", e acrescenta que "esta classificação sétupla é digna de nota por sua ausência em muitos [não *todos*?] de nossos livros hindus", etc., e que é melhor adotar a classificação de quatro princípios, consagrada pelo tempo, o Sr. Subba Row deve querer se referir a apenas alguns livros ortodoxos especiais, pois seria impossível para ele se contradizer de maneira tão evidente.

Algumas palavras de explicação, portanto, não estarão completamente fora de lugar. Por ser "digna de nota por sua ausência" em livros hindus, a referida classificação é igualmente evidente por sua ausência nos livros budistas. Isso por uma razão transparentemente clara: sempre foi esotérica, e, como tal, antes inferida do que abertamente ensinada. Que é "enganosa" também é perfeitamente verdadeiro, pois a grande característica do dia – o materialismo – levou a mente dos nossos teosofistas ocidentais ao hábito predominante de ver os sete princípios como *entidades* distintas e autoexistentes, em vez do que eles realmente são, ou seja, *upādhis* e estados correlatos – três *upādhis*, grupos básicos, e quatro princípios. Quanto a ser "não científico", o termo pode ser atribuído apenas a um *lapsus linguae*, e, com relação a isso, deixe-me citar o que o Sr. Subba Row escreveu cerca de um ano *antes de ingressar* na Sociedade Teosófica, em um de seus artigos mais significativos, *Bramanism on the Sevenfold Principle of Man* (O Bramanismo sobre o Princípio Sétuplo no Homem), a melhor crítica que já apareceu sobre os "Fragmentos da Verdade Oculta" incorporada em *Budismo Esotérico*. Diz o autor:

> Examinei cuidadosamente [o ensinamento] e descobri que os resultados obtidos (na doutrina budista) não parecem diferir muito das conclusões de nossa filosofia ariana, embora nosso modo de declarar os argumentos possa diferir na forma.

Tendo enumerado depois disso as "três causas principais" que trazem o ser humano à existência – isto é, *Parabrahman, Śakti e Prakriti* –, ele explica:

> Ora, de acordo com os adeptos da antiga *Aryavarta*, *sete princípios* são desenvolvidos a partir dessas *três* entidades primárias. A álgebra nos ensina que o número de *combinações* de *n* coisas, tomadas *uma* de cada vez, *duas* de cada vez, *três* de cada vez, e assim por diante = $2^n - 1$. Aplicando esta fórmula ao presente caso, o número de entidades evoluídas de diferentes

> combinações dessas três causas primárias equivale a $2^3 - 1 = 8 - 1 = 7$.
>
> Como regra geral, sempre que sete *entidades* são mencionadas nas antigas ciências ocultas da Índia, em qualquer conexão, devemos supor que essas sete entidades vieram a existir a partir de *três entidades primárias*, e que essas três entidades são novamente desenvolvidas a partir de uma *única* entidade ou MÔNADA. (Veja *Five Years of Theosophy* – Cinco Anos de Teosofia, p. 160.)[123]

Isto é completamente correto, do ponto de vista oculto e também cabalisticamente, quando se olha para a questão das *sete* e das *dez Sefirot*, e dos *sete* e *dez Rishis*, *Manus*, etc., e demonstra que na verdade não há nem pode existir qualquer desacordo fundamental entre a filosofia esotérica dos Adeptos *Trans* e *Cis*-Himalaicos. O

---

[123] O importante ensaio de T. Subba Row, citado por H.P.B., foi publicado originalmente em *The Theosophist*, vol. III, janeiro de 1882, p. 93-99, com notas adicionais e notas de rodapé da própria H.P.B. O título deste ensaio era *The Aryan-Arhat Esoteric Tenets on the Sevenfold Principle in Man* (Os princípios esotéricos arianos-*arhat* sobre o princípio sétuplo no homem). *Cinco Anos de Teosofia*, como é bem conhecido, é principalmente uma coleção de importantes artigos e ensaios selecionados das páginas de *The Theosophist*. O ensaio de Subba Row, com todas as notas de rodapé e notas editoriais de H.P.B., encontra-se no Volume III da presente Série. – *Escritos Compilados de H. P. Blavatsky,* Boris de Zirkoff, Compilador, [p. 287].

leitor é remetido, além disso, às páginas anteriores do artigo acima mencionado, em que se afirma que

> o conhecimento dos *poderes ocultos da Natureza* possuído pelos habitantes da Atlântida perdida foi aprendido pelos antigos adeptos da Índia e acrescentado por eles à doutrina esotérica ensinada pelos residentes da ilha sagrada [agora o deserto de Gobi][124]. Os Adeptos tibetanos, no entanto [seus precursores da Ásia Central], não aceitaram essa adição. (p. 155-56).

Mas essa diferença entre as duas doutrinas não inclui a divisão setenária, uma vez que era universal, depois de ter se originado com os atlantes, que a Quarta Raça era, evidentemente, uma raça anterior à Quinta – a Ariana.

Assim, do ponto de vista puramente metafísico, as observações feitas sobre a Divisão Setenária na palestra sobre a *Bhagavad-Gitā* são válidas hoje, como eram cinco ou seis anos atrás no artigo "O Bramanismo sobre o Princípio Sétuplo do Homem", apesar de sua aparente discrepância. Para fins de esoterismo puramente teórico, eles são tão válidos no Budismo quanto na filosofia bramânica. Portanto, quando o Sr. Subba Row propõe manter "a classificação honrosa de quatro princípios" em uma palestra sobre uma obra Vedanta – a classificação

---

[124] Veja *Ísis Sem Véu*, vol. I, p. 600, e os apêndices do Editor [H.P.B.] ao artigo acima citado em *Five Years of Theosophy*.

Vedanta, no entanto, dividindo o homem em "*cinco kosas*" (bainhas) e o *Atmā* (as Seis *nominalmente,* é claro) –, † ele simplesmente mostra que deseja permanecer estritamente dentro das computações teóricas e metafísicas, e também ortodoxas, da mesma. É assim que entendo suas palavras, de qualquer forma. Para a classificação da *Taraka Rājā-Yoga* são novamente *três upādhis*, *Atmā* sendo o quarto princípio, e nenhum *upādhi*, claro, uma vez que é uno com *Parabrahman*. Isso é novamente mostrado por ele mesmo em um pequeno artigo intitulado "Septenary Division in Different Indian Systems" (Divisão Septenária em Diferentes Sistemas Indianos).[126]

Por que então não deveria o Esoterismo "Budista", assim chamado, recorrer a tal divisão? É talvez "enganoso", isso se admite, mas certamente não pode ser chamado de "não científico". Vou até mesmo me permitir chamar esse adjetivo de uma expressão irrefletida, uma vez que

---

† Esta é a divisão que nos foi dada pelo Sr. Subba Row. Veja *Five Years of Theosophy*, p. 185-86, artigo assinado T.S. [S.T].

[126] Uma prova adicional do fato de que a divisão é arbitrária e varia de acordo com as escolas a que pertence, está nas palavras publicadas em "Personal and Impersonal God" pelo Sr. Subba Row, onde ele afirma que "...temos seis estados de consciência, objetivos ou subjetivos... e um estado de perfeita inconsciência...". (Veja *Cinco Anos de Teosofia*, pp. 200-201). É claro que aqueles que não se apegam à velha escola dos Adeptos e Arhats Arianos não estão, de modo algum, obrigados a adotar a classificação setenária.

se mostrou, ao contrário, muito "científico" pelo próprio Sr. Subba Row, e matematicamente também, e a demonstração algébrica do mesmo é prova disso. Eu digo que a divisão é devida à própria Natureza apontar sua necessidade no Cosmo e no homem, só porque o número sete é "um poder e uma força espiritual" em sua combinação de *três* e *quatro*, do triângulo e do quaternário. É, sem dúvida, muito mais conveniente aderir à classificação quádrupla em um sentido metafísico e sintético, assim como eu aderi à classificação tríplice – de corpo, alma e espírito – em *Ísis Sem Véu*, porque se eu tivesse então adotado a divisão setenária, como fui obrigada a fazer mais tarde para fins de análise estrita, ninguém teria entendido, e a multiplicação de princípios, em vez de lançar luz sobre o assunto, teria introduzido uma confusão sem fim. Mas agora a questão mudou e a posição é diferente. Nós, *infelizmente* – pois era prematuro –, abrimos uma brecha na parede chinesa do esoterismo, e agora não podemos fechá-la novamente, mesmo que quiséssemos. Eu, pelo menos, tive que pagar um preço alto pela indiscrição, mas não vou me encolher diante dos resultados.

Eu mantenho, então, que quando passamos do plano do raciocínio subjetivo puro sobre assuntos esotéricos para o da demonstração prática no Ocultismo, em que cada princípio e atributo deve ser analisado e definido em sua aplicação aos fenômenos da vida cotidiana e especialmente da vida *post mortem*, a classificação setenária é a correta. Ela é simplesmente uma divisão conveniente, que não impede, de maneira alguma, o reconhecimento de apenas *três* grupos – que o Sr. Subba Row chama de "quatro princípios associados a quatro *upādhis*, que estão associados por sua vez a quatro estados distintos de consciência"[127]. Esta é a classificação da *Bhagavad-Gitā*, parece, mas não a da Vedanta, nem – o que afirmavam e ainda afirmam os *Rājā-Yogis* das escolas *pré-Aryasangha* e do sistema *Mahayana*, além dos Himalaias, e seu sistema é quase idêntico ao da *Taraka Rājā-Yoga* – a diferença entre esse último e a classificação da Vedanta tendo sido apontada a nós pelo Sr. Subba Row em seu artigo sobre a "Divisão Septenária em Diferentes Sistemas Indianos". Os *Taraka Rājā-Yogis* reconhecem apenas *três upādhis* nos quais o *Atmā* pode trabalhar; na Índia, se não me engano, é o estado de consciência de *Jagrata* (correspondente ao *Sthulopadhi*), o *Svapna*, ou estado de sonho (em *Sukshmopadhi*) e o *Sushupti*, ou estado causal, produzido por e através de *Karanopadhi*,

[127] [O artigo de Subba Row mencionado acima foi publicado no *The Theosophist*, vol. IV, fevereiro e março de 1883, págs. 104-05 e 183-89 respectivamente. A citação no texto à qual a nota de rodapé acima é acrescentada é de suas "Notas sobre o *Bhagavad-Gitā*", *The Theosophist*, vol. VIII, fevereiro de 1887, p. 301. – [*Collected Writings of H. P. Blavatsky*, Compilador Boris de Zirkoff. (Nota Ed. Bras.)]

ou o que chamamos de *Buddhi*. Mas então, nos estados transcendentais de *Samādhi*, o corpo, com sua *linga-sharīra*, o *veículo* do princípio da vida, é inteiramente deixado de lado: os três estados de consciência são considerados como se referindo apenas aos três (com *Atmā*, o quarto) princípios que permanecem após a morte. E aqui reside a verdadeira chave para a divisão setenária do homem, os três princípios entrando como um acréscimo somente durante sua vida.

Como no Macrocosmo, também no microcosmo; as analogias permanecem boas em toda a Natureza. Assim, o Universo, nosso Sistema Solar, nossa Terra e até o homem devem ser todos considerados como tendo, igualmente, uma constituição setenária – *quatro* supraterrestres e super-humanas, por assim dizer; *três* objetivas e astrais. Ao tratar apenas do caso especial do homem, há dois pontos de vista dos quais a questão pode ser considerada. O homem em *encarnação* é certamente composto de sete princípios, se assim denominarmos os sete estados de sua estrutura material, astral e espiritual, que estão todos em planos diferentes. Mas se classificarmos os princípios de acordo com a sede dos quatro graus de consciência, esses *upādhis* podem ser reduzidos a quatro grupos.[128] Assim, como sua consciência nunca está

[128] O argumento do Sr. Subba Row, de que em relação às três divisões do corpo "podemos fazer qualquer número de divisões (...)

centrada no segundo ou terceiro princípio – ambos compostos de estados da matéria (ou melhor, de "substância") em diferentes planos, cada um correspondendo a um dos planos e princípios do Cosmo –, é necessário formar ligações entre o primeiro, quarto e quinto princípios, bem como facilitar certos fenômenos vitais e psíquicos. Estes últimos podem ser convenientemente classificados com o corpo físico sob uma cabeça e colocados de lado durante o transe (*Samādhi*), como após a morte, deixando assim apenas os *quatro* tradicionais *exotéricos* e metafísicos. Qualquer acusação de ensinamento contraditório, portanto, baseada neste simples fato, seria totalmente inválida, por óbvio, com a classificação de princípios como setenários ou quaternários dependendo totalmente no ponto de vista do qual eles são considerados, como mencionado. É puramente uma questão de escolha qual classificação adotamos. Estritamente falando, contudo, a física *oculta* – como também profana – favoreceria a setenária por estas razões.[129]

---

[e] podemos também enumerar força nervosa, sangue e ossos", não é válido, eu acho. Tudo bem para a força nervosa, embora ela seja una com o princípio da vida e proceda dela; quanto ao sangue, ossos, etc., estas são coisas materiais objetivas, unidas e inseparáveis do corpo humano, enquanto todos os outros seis princípios estão em seu *sétimo – o corpo* –, princípios puramente subjetivos e, portanto, todos negados pela ciência material, que os ignora. [p. 291]

[129] Em seu artigo mais admirável, *Personal and Impersonal God*

Há *seis* Forças na Natureza, tanto no Budismo como no Bramanismo, seja exotérico ou esotérico, e a sétima é a *Força total*, ou Força absoluta, que é a síntese de tudo. A Natureza, mais uma vez, em sua atividade construtiva, é a chave para essa classificação de mais de uma maneira. Como afirmado no terceiro aforismo de *Sankhya-karika* de *Prakriti,* "a raiz e substância de todas as coisas", ela (*Prakriti*, ou Natureza) não é produção, mas ela mesma *produtora* de *sete* coisas, "que, produzidas por ela, se tornam todas, por sua vez, produtoras". Assim, todos os líquidos na Natureza começam, quando separados da massa de seus pais, por se tornar um esferoide (uma gota),

---

(Deus Pessoal e Impessoal), o qual atraiu muita atenção nos círculos teosóficos ocidentais, o Sr. Subba Row afirma: "Assim como um ser humano é composto de sete princípios, a matéria diferenciada no Sistema Solar existe em sete condições diferentes. Esses diferentes estados da matéria nem sempre estão dentro do alcance da nossa atual consciência objetiva. Mas elas podem ser objetivamente percebidas pelo ego espiritual no homem. (...) Além disso, *Prajña,* ou a capacidade de percepção, existe em sete aspectos diferentes, correspondentes às sete condições da matéria. Estritamente falando, existem apenas seis estados da matéria, sendo o chamado sétimo estado o aspecto da matéria cósmica em sua condição original indiferenciada. Da mesma forma, existem seis estados de *Prajña* diferenciados, o sétimo estado sendo uma condição de perfeita inconsciência. Por *Prajña* diferenciado, quero me referir à condição na qual *Prajña* é dividido em vários estados de consciência. Assim, temos seis estados de consciência, etc., etc." (*Five Years of Theosophy*, p. 200). Esta é precisamente a nossa Doutrina Trans-Himalaica.

e quando o glóbulo é formado e cai, o impulso dado a ele o transforma, quando toca o chão, quase invariavelmente em um triângulo equilátero (ou três), e depois em um *hexágono*, depois do qual, a partir dos cantos do último, começam a ser formados quadrados ou cubos como figuras planas. Olhe para o trabalho *natural* da Natureza, por assim dizer, e sua produção artificial ou ajudada – a intromissão em sua oficina oculta pela ciência. Veja os anéis coloridos de uma bolha de sabão e aqueles produzidos pela luz polarizada. Seja na bolha de sabão de Newton ou no cristal, através do polarizador, serão exibidos invariavelmente seis ou sete anéis – uma mancha preta cercada por seis anéis, ou um círculo com um cubo plano dentro, circunscrito por seis anéis distintos, sendo o círculo, em si, o *sétimo*. O aparato polarizador Norremberg coloca na objetividade quase todos os nossos símbolos geométricos ocultos, embora os físicos não sejam mais sábios com isso (veja os experimentos de Newton e Tyndall)[130].

O número sete está na própria raiz da cosmogonia e da antropogonia ocultas. Nenhum símbolo que expresse a evolução desde o seu início até seus pontos de conclusão seria possível sem ele. Pois o círculo produz o ponto; o ponto se expande em um triângulo, retornando

[130] Basta abrir o dicionário Webster e examinar os flocos de neve e cristais na palavra *Snow* (Neve) para perceber o trabalho da Natureza. "Deus geometriza", diz Platão.

depois de dois ângulos sobre si mesmo, e então forma o místico *Tetraktis* – o cubo plano; cujos *três*, ao passarem para o mundo manifesto dos efeitos, natureza diferenciada, se tornam, geométrica e numericamente, 3 + 4 = 7. Os melhores cabalistas têm demonstrado isso há séculos, desde Pitágoras até os matemáticos e simbologistas modernos, um dos quais teve sucesso em deturpar para sempre *uma das sete* chaves ocultas e provou sua vitória por meio de um volume de números. Coloque qualquer um dos nossos teósofos interessados na questão para ler a maravilhosa obra intitulada *Key to the Hebrew-Egyptian Mystery in the Source of Measures* (Chave para o Mistério Hebraico-Egípcio da Origem das Medidas)[†] , e aqueles que são bons matemáticos ficarão horrorizados diante das revelações contidas nela. Pois mostra, de fato, aquela fonte oculta das medidas pela qual foram construídos o Cosmo e o homem, e depois, pelo último, a Grande Pirâmide do Egito, assim como todas as torres, túmulos, obeliscos, cavernas da Índia e pirâmides no Peru e México, e todos os monumentos arcaicos, símbolos em pedra da Caldeia, ambas as Américas, e até mesmo da Ilha de Páscoa – testemunho vivo e solitário de um

† [J. Ralston Skinner. Cincinnati: R. Clarke & Co., 1875; 2a ed., com Suplemento, *ibid.*, 1894; 3a ed., Filadélfia: David McKay Co., 1931.] [p. 293]

continente pré-histórico submerso no meio do Oceano Pacífico.

Isso mostra que as mesmas figuras [*figures* = figuras ou números] e medidas para a mesma simbologia esotérica existiam em todo o mundo; mostra, nas palavras do autor, que a *Cabala* é uma "série inteira de desenvolvimentos baseados no uso de elementos geométricos, dando expressão em valores numéricos, fundada em valores integrais do círculo" (uma das sete chaves até então conhecidas, somente para os Iniciados), descoberta por Peter Metius[132] no século XVI e redescoberta pelo falecido John A. Parker. † Além disso, que o sistema de onde todos esses desenvolvimentos derivam "era antigamente considerado como repousando na *Natureza* (ou Deus), como a *base* ou *lei* dos esforços na prática do *design* criativo", e que também é subjacente às estruturas bíblicas encontradas nas medidas fornecidas para o templo de Salomão, a arca da Aliança, a Arca de Noé, etc. – em resumo, em todos os mitos simbólicos da Bíblia.

---

[132] Provavelmente Adriaan A. Metius é referido aqui. *Vide* METIUS no Índice Bio-Bibliogr. *Escritos Compilados de H. P. Blavatsky,* Compilador Boris de Zirkoff, Notas do Compilador.

† De Newark, em sua obra *The Quadrature of the Circle*, seu "problema dos três corpos giratórios". (New York: John Wiley and Son, 1851)

E quais são as figuras, as medidas de que o Cúbito sagrado é derivado da Quadratura esotérica, que os Iniciados sabem estar contidas nos *Tetraktis* de Pitágoras? Ora, é o símbolo primordial universal. Os números encontrados na *Cruz Ansata* do Egito, como também (eu afirmo) na *Suástica* Indiana, "o signo sagrado" que embeleza as mil cabeças de *Śesha*, o Ciclo-Serpente da eternidade, sobre o qual repousa *Vishnu*, a divindade na Infinitude, e que também pode ser apontado no fogo triplo (*treta*) de Puraravas, *o primeiro fogo no presente Manvantara*, proveniente dos 49 (7 x 7) fogos místicos. Pode estar ausente de muitos dos livros hindus, mas *Vishnu* e outros *Puranas* estão repletos desse símbolo e desses números sob todas as formas possíveis, que eu pretendo provar em *A Doutrina Secreta*. O autor de *Source of Measures* não sabe, evidentemente, o escopo completo do que descobriu. Ele aplica sua chave, até agora, apenas à linguagem esotérica e à simbologia da Bíblia, e especialmente aos Livros de Moisés.

O grande erro do autor habilidoso, em minha opinião, é que ele aplica a chave que descobriu principalmente a elementos fálicos pós-atlânticos e quase históricos das religiões do mundo, sentindo, intuitivamente, um sentido mais nobre, mais elevado, mais transcendental em tudo isso somente na Bíblia – e um mero culto sexual em todas as outras religiões. Esse elemento fálico, no entanto, na antiga adoração pagã, relacionava-se, na verdade, com a evolução fisiológica das raças humanas, algo que não podia ser descoberto na Bíblia, pois está ausente dela (sendo o *Pentateuco* a mais recente de todas as escrituras antigas). No entanto, o que o autor erudito descobriu e provou matematicamente é maravilhoso o bastante e suficiente para tornar boa a nossa alegação: a saber, que as figuras ○△□ e 3 + 4 = 7 estão na própria base e são a alma da cosmogonia e da evolução da humanidade.

Quem quer que queira exibir esse processo por meio do símbolo, diz o autor, referindo-se à *cruz ansata*, ao *Tau* ☥ dos egípcios e à cruz cristã –

> seria pela *figura do cubo desdobrado em conexão com o círculo, cuja medida é tomada das bordas do cubo.* (O cubo desdobrado se torna, em exibição superficial, uma *própria cruz*, ou da forma do *Tau*, e a ligação do círculo a este último resulta na *cruz ansata* dos egípcios, com seu significado óbvio *da Origem das Medidas.*)[133] Como também esse tipo de medida está coordenado com a ideia da origem da vida humana, assume

[133] E, adicionando a cruz propriamente dita + o símbolo dos quatro pontos cardeais e infinito ao mesmo tempo, assim 卐, os braços apontando para cima, para baixo, para a direita e para a esquerda, fazendo seis no círculo – o sinal Arcaico do Yomas – faria dela a *suástica*, o "signo sagrado" usado pela ordem dos "maçons Ismael", que eles chamam de cruz hermética universal, e não entendem sua verdadeira sabedoria nem conhecem sua origem. [H.P.B.]

> secundariamente o tipo hermafrodita, e de fato é colocado mediante representação para cobrir essa parte da pessoa humana na forma hindu. [É "a Indra Indranse hermafrodita, a deusa da Natureza, a *Issa* dos hebreus e a *Ísis* dos egípcios", como o autor as chama em outro lugar.] (...) É passível de observação que, enquanto há apenas seis faces em um cubo, a representação da cruz como um cubo desdobrado em relação às barras cruzadas exibe uma face do cubo como *comum às duas barras*, contadas como pertencentes a uma das duas; então, enquanto as faces originalmente representadas são apenas seis, o uso das duas barras conta o quadrado como quatro para a posição vertical e três para a barra transversal, perfazendo sete no total. Aqui temos os famosos três, quatro e sete. Os quatro e três são os membros fator do problema de Parker [quadratura e os "três corpos giratórios"] (p. 50-51).

E eles são os membros do fator na construção do Universo e do HOMEM. Wittoba – um aspecto de *Krishna* e *Vishnu* – é, portanto, o "homem crucificado no espaço", ou o "cubo desdobrado", como explicado (veja *The Hindoo Pantheon*, de Edward Moor, para Wittoba)[134].

---

134 O *fac-símile* da imagem na valiosa obra de E. Moor é reproduzido aqui a partir de sua primeira edição (imagem 98), publicada em Londres, em 1810. A "Nova Edição", editada pelo Reverendo W. O. Simpson e publicada em 1864, não a reproduz, e o Reverendo editor diz, em uma nota de rodapé (p. 283), que "este assunto, um crucifixo, é omitido na presente edição, por razões muito óbvias", deixando o leitor supor que "razões" podem ter

sido. Ao falar da mesma imagem em outro lugar, H.P.B. remete o estudante para a página 174 (fig. 72) de *Monumental Christianity* (Cristianismo Monumental), do Dr. J. P. Lundy, onde um *fac-símile* pode ser encontrado. O Dr. Lundy diz (p. 173): "Eu não me arrisco a dar-lhe um nome, a não ser o de uma *crucificação no espaço*. Parece um crucifixo cristão em muitos aspectos, e em alguns outros não. O desenho, a atitude e as marcas de unha nas mãos e nos pés indicam uma origem cristã, enquanto a coroa de sete pontos, a ausência da madeira e da inscrição usual e os raios da glória acima parecem apontar para alguma outra origem que não a cristã. Pode ser o Homem-Vítima, ou o Sacerdote e a Vítima, ambos em um, da mitologia hindu, que se ofereceu a um sacrifício antes dos mundos existirem? Pode ser o segundo Deus de Platão que se imprimiu no Universo na forma de cruz? Ou é seu homem divino que seria açoitado, atormentado, acorrentado, com os olhos queimados, e finalmente, tendo sofrido todo o tipo de males, *teria sido crucificado*? (*República*, c. ii, p. 52, Trad. Spens)."
Edward Moor escreveu, a respeito deste assunto: "Um homem, que tinha o hábito de me trazer deidades hindus, imagens, etc., uma vez trouxe duas imagens exatamente iguais: uma delas está gravada na imagem 98, e o tema dela será visto de imediato num relance. Demonstrando indiferença, perguntei ao pândita o que era *Deva*; ele examinou-a atentamente, e depois de revolvê-la por algum tempo, devolveu-a para mim, professando ignorar a qual *Avatara* poderia se relacionar imediatamente, mas supôs, pelo buraco no pé, que poderia ser Wittoba." O próprio Moor pensou que fosse de origem cristã, enquanto Godfrey Higgins (*Anacalypsis*, I, p. 145-146) a considerou um genuíno Wittoba. *Escritos Compilados de H. P. Blavatsky,* Compilador Boris de Zirkoff.

CRUCIFICAÇÃO NO ESPAÇO

De Edward Moor, *The Hindoo Pantheon*,
Imagem 98, Primeira ed., Londres, 1810

É o símbolo mais antigo da Índia, agora quase perdido, como o significado real de *Viśvakarma* e *Vikartana* (o "sol despojado de seus raios") também está perdido. É a cruz egípcia *ansata* e vice-versa, e a última – até mesmo a *sistrum*, com suas barras cruzadas ☥–, é simplesmente o *símbolo da Deidade como homem*, por mais fálico que possa ter se tornado depois da submersão da Atlântida. A *cruz ansata* é, é claro, como o professor Seyffarth mostrou, novamente o *seis* com a cabeça – o *sétimo*. Seyffarth diz:

> Representa, como acredito agora, o crânio com o cérebro, a sede da alma, e com os nervos se estendendo até a espinha dorsal, costas e olhos ou ouvidos. Pois a pedra Tanis assim a traduz repetidamente por *anthropos* (homem), e esta mesma palavra é escrita alfabeticamente (em egípcio) *ank*. Assim, temos o *ank* copta, *vita*, propriamente *anima*, que corresponde ao hebraico שונא, *anosh*, que significa propriamente *anima*. Este שונא é o primitivo ךונא para יבנא (o pronome pessoal Eu). O *Anki* egípcio significa *minha alma*". [Citado em *Source of Measures*, p. 53.]

Significa, em sua síntese, os *sete princípios*; os detalhes virão depois. Ora, a *cruz ansata*, como foi descrita acima, foi descoberta nas costas de estátuas gigantescas encontradas na Ilha de Páscoa (no meio do Oceano Pacífico), que faz parte do continente submerso; esse remanescente foi descrito como "densamente cravejado de estátuas ciclópicas, remanescentes da civilização de um povo denso e educado" – e o Sr. Subba Row nos contou o que ele tinha encontrado nos antigos livros hindus, a saber, que os antigos Adeptos da Índia tinham aprendido poderes ocultos dos Atlantes (*vide supra*). A inferência lógica é que eles obtiveram sua divisão setenária deles, assim como nossos Adeptos da "Ilha Sagrada". Isso deve resolver a questão.

E essa cruz *Tau* é sempre setenária, sob qualquer forma – ela tem muitas formas, embora a ideia principal seja sempre uma só. O que são os *oozas* egípcios (os olhos), os amuletos chamados de "olho místico", que não símbolos da mesma? Há *quatro* olhos na fila superior e *três* menores na inferior. Ou ainda o *ooza* com os *sete alaúdes* pendurados nele, "a melodia combinada da qual se *cria um homem*", dizem os hieróglifos. Ou ainda o *hexágono* formado por seis triângulos, cujos ápices convergem para um ponto, assim:

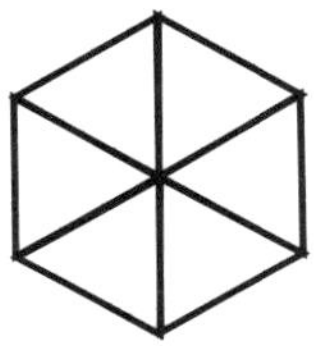

o *símbolo da criação Universal*, que segundo Kenneth Mackenzie "foi usado como um anel pelos Príncipes Soberanos do Segredo Real" – que eles, a propósito, nunca conheceram. Se *sete* não tem nada a ver com os mistérios do Universo e do homem, então, dos *Vedas* até a *Bíblia*, todas as Escrituras arcaicas – os *Puranas*, o *Avesta* e todos os fragmentos que chegaram até nós – não têm significado *esotérico*, e devem ser considerados como os orientalistas os consideram: uma mistura confusa de contos infantis.

É bem verdade que os *três upādhis* da *Taraka Rājā-Yoga* são, como o Sr. Subba Row explica em seu curto artigo, *The Septenary Division in Different Indian Systems* (Divisão Septenária em Diferentes Sistemas Indianos), "o melhor e mais simples" – mas apenas na *Yoga* puramente contemplativa. E ele acrescenta:

> Embora existam sete princípios no homem, existem apenas três *Upādhis* distintos (bases), em cada um

> dos quais seu *Atmā* pode operar independentemente do resto. Estes três *Upādhis* podem ser separados por um Adepto sem que ele se mate. Ele não pode separar os sete princípios uns dos outros sem destruir sua constituição.[135]

Muito decididamente ele não pode. Mas isso novamente só vale para os seus três princípios inferiores – o corpo e seus inseparáveis (em vida) *prāna* e *linga-sarīra*. O resto pode ser separado, pois não constitui uma necessidade *vital*, mas sim uma necessidade mental e espiritual. Quanto à observação, no mesmo artigo, objetando que o quarto princípio esteja "incluído no terceiro *kośa* (bainha), já que o dito princípio é apenas o veículo da força de vontade, que é apenas uma energia da mente", eu respondo: exatamente. Mas como os atributos superiores do quinto (*Manas*), compõem a *tríade* original, e são apenas as energias terrestres, sentimentos e volições que permanecem no *Kāma-loka*, qual é o veículo, a forma astral que os carrega como um *bhoota* até eles se extinguirem – o que pode levar séculos para acontecer? Pode a personalidade "falsa", ou a *piśacha*, cujo ego é composto precisamente de todas aquelas paixões e sentimentos terrestres, permanecer no *Kāma-loka* e ocasionalmente aparecer, sem um veículo substancial, conquanto etéreo?

---

135 *Five Years of Theosophy* (Cinco Anos de Teosofia), p. 186. [Também *The Theosophist*, vol. V, p. 225.]

Ou devemos abandonar os sete princípios e a crença de que existe tal coisa como um *corpo astral* e um espectro ou fantasma?

Decididamente não. Pois o próprio Subba Row explica mais uma vez como, do ponto de vista hindu, o quinto *inferior*, ou *Manas*, pode reaparecer após a morte, observando, com muita justiça, que "é absurdo chamá-lo de *espírito desencarnado*". Como ele afirma:

> É apenas um poder ou força que retém as impressões dos pensamentos ou ideias do indivíduo em cuja *composição entrou originalmente* [itálicos de H. P. B.]. Às vezes convoca para o seu auxílio o poder do *Kāma-rūpa*, e cria para si alguma forma etérea particular (não necessariamente humana).[136]

Ora, aquilo que "às vezes convoca" o *Kamā-rūpa*, e o "poder" desse nome, já se constitui de dois princípios, dois "poderes" – chame-os como quiser. Então nós temos o *Atmā* e seu veículo – *Buddhi* –, que formam quatro. Com os três que desapareceram na Terra, isso será equivalente a *sete*. Como podemos, então, falar do Espiritismo moderno, de suas materializações e outros fenômenos, sem recorrer ao Setenário?

Para citar nosso amigo e muito respeitado irmão pela última vez, ele diz que

136 *Five Years of Theosophy* (Cinco Anos de Teosofia), p. 174.

> nossos filósofos [arianos] têm associado sete poderes *ocultos* aos sete princípios [no homem e no Cosmo] ou entidades acima mencionadas. Esses sete poderes ocultos no microcosmo correspondem ou são contrapartes dos poderes ocultos no macrocosmo.[137]

Bem – uma frase esotérica –, é uma pena que as palavras pronunciadas em uma conferência *ex tempore*, embora hábeis, tenham sido publicadas sem revisão.

---

[137] *The Theosophist*, Abril, 1887.

Capítulo 12
Tetragrama[138]

[*The Theosophist*, Vol. IX, no 98, novembro de 1887, pp. 104-116]

(*H.P. Blavatsky's Collected Writings,*
VOLUME VIII, Novembro, 1887, p. 140[139].)

Eu aconselharia a todos em geral que levassem em consideração os verdadeiros e genuínos fins do conhecimento; que não o busquem por prazer ou contenção, desprezo pelos outros, fins lucrativos, fama, honra e promoção, ou coisas como adultério, ou fins inferiores; mas por mérito e ganhos da vida, a fim de que possam regular e aperfeiçoar o conhecimento na caridade.

– BACON.

---

[138] Tradução: Marly Winckler, (www.helenablavatsky.com.br)
[139] Brasília: Editora Teosófica, *Escritos Compilados de H. P. Blavatsky,* Compilador Boris de Zirkoff, Volume VIII, p. 146-172. (Nota Ed. Bras.)

No presente artigo, não irei chover no molhado. Isso significa que não me proponho ensinar aos brâmanes eruditos os mistérios de sua filosofia religiosa, mas tomarei como meu tema algumas coisas da *Cabala Universal.* Os primeiros – uma vez colocados em terrenos polêmicos – são adversários incômodos para combater. A menos que se tenha, em vez de uma cabeça, uma enciclopédia repleta de citações, figuras, números e versos espalhados por milhares de páginas, tais polêmicas serão mais prejudiciais do que úteis. Cada um dos disputantes se encontrará com o mesmo número de adeptos às suas opiniões como ele tinha antes, uma vez que nenhum deles convencerá um único homem do partido que se opõe a ele.

Repetindo com Sir T. Browne que "Não invejo nenhum homem que saiba mais do que eu, mas tenho pena dos que sabem menos", tratarei agora de perguntas com as quais estou completamente familiarizada, e em apoio às quais posso citar autoridades renomadas.

Tendo estudado a cabala por quase quarenta anos, talvez eu esteja autorizada a considerar o *Zohar* como um terreno legítimo no qual me apoiar. Esta, no entanto, não será uma discussão, senão simplesmente *algumas declarações de fatos.* Quatro nomes e ensinamentos *da cabala* foram apresentados como se opondo à nossa doutrina setenária:

I. Nos disseram que o Tetragrama "está no caminho... de uma união final com os *Logos*". Porque sua mística "constituição, *representada pelo tetragrama sagrado, não tem uma base setenária*"

II. Que "é uma das diretivas mais antigas da antiga religião-Sabedoria que o macrocosmo[140] deve ser interpretado de acordo com o plano revelado por *Malkuth*".

III. Que (*a*) "*Shekinah* é um poder andrógino"; e (*b*) que ela "deve ser aceita como um guia para a interpretação da constituição do microcosmo".

IV. Que "Sua forma masculina [de Shekinah] é a figura do homem visto no misterioso trono na visão de Ezequiel"[141]

Receio que nenhuma das declarações acima esteja correta. Eu sou obrigada a dizer que cada uma e todas estão completamente erradas. Minhas autoridades para dizer isso são os três livros principais do *Zohar* – *O Livro do Mistério Escondido* e as duas *Assembleias* – *a Maior* e a *Menor,* como também a *Kabbala Desnudada* (A Kabbalah

---

[140] Exatamente. *Malkuth* é a 10ª Sefirot, mas como a "Noiva de *Microprosopo*" ou Tetragrama, *que é hexâmero* – Malkuth, ou o membro material, é o *sétimo.* Ela é a *quarta* letra do IHVH, ou *He,* mas o *Logos,* ou filho, é apenas a letra V (Vau), como será mostrado.

[141] *The Theosophist*, Vol. VIII, agosto de 1887, pp. 700 e 705.

Revelada) de Knorr von Rosenroth[142],o *Sepher Yetzirah,* com seus comentários, e o *Aech Metzareph,* contendo uma chave para o simbolismo cabalístico, todos complementados com vários *códices.*[143]

Um axioma ecoado da mais arcaica antiguidade nos ensina que o primeiro passo para o conhecimento é *saber* e *confessar* que somos ignorantes. Devo ter dado esse passo, pois percebo plenamente o quanto sou muito ignorante em muitas coisas, e confesso o pouco que sei. No entanto, o que eu sei, eu *sei.*

E talvez, se eu fosse mais sábia, eu deveria estar feliz em saber tão pouco, pois se a

"... ignorância é a maldição de Deus",

como diz Shakespeare[144], demasiado

"Conhecimento, quando a sabedoria é muito fraca para guiá-lo,

É como um cavalo obstinado, que derruba o cavaleiro..."[145]

---

142 Agora traduzido por S. Liddell MacGregor Mathers, M.S.T. Veja seu *Kabbala Unveiled* [Londres: George Redway, 1887].

143 [*Vide* pp. 269-71 e 402 em Vol. VII da presente Série, para informações pertinentes sobre o *Zohar* e sua bibliografia. – Compilador Boris de Zirkoff]

144 [*Henrique VI*, Parte II, Ato iv, Cena 7, 1.78].

145 [Francis Quarles, *Job Militant: with Meditations Divine and*

Neste caso em particular, no entanto, não temo ser derrubada. Arrisco até mesmo dizer que é completamente impossível, com o *Zohar* diante dos olhos e suas (apenas) *cento e setenta passagens* de referências e várias centenas de comentários e explicações sobre o real significado do Tetragrama somente. Portanto, como "nenhum homem conhece tudo", *errare humanum est, e* como nenhum de nós, até onde eu sei, atingiu a posição glorificada de um Buddha onisciente ou um Sankārachārya, me parece justo comparar nossas notas e revelar o que pode ser *legitimamente* revelado. Por isso, tentarei mostrar a verdadeira natureza do "Tetragrama" e provar que suas quatro letras são um mero glifo, uma máscara para esconder metafisicamente sua conexão e relação com os mundos supernais e inferiores. Não exporei nada de minhas próprias especulações ou conhecimentos, que são minha propriedade pessoal, fruto dos meus estudos, e com os quais, portanto, o público nada tem a ver. Só mostrarei o que o *Zohar* diz sobre o Tetragrama, e como me explicou pessoalmente um rabino hebraico iniciado, na Palestina, o que deixa muito claro para todo cabalista avançado.

I. O Tetragrama é chamado na cabala de vários nomes. É o IHVH, o *Microprosopo,* em distinção com o AHIH, o *Macroprosopo.* É a FACE MENOR, um

---

Morall, 1624. Seção XI. – Compilador Boris de Zirkoff]

reflexo (contaminado com matéria ou *Malkuth*, sua noiva, a mãe terra) do "Imenso", rosto "ilimitado"; portanto, ele é a *antítese* de Macroprosopo. Mas quem, ou o que é o Macroprosopo, em si?

II. *Não* **é** "Ain-Soph" o *Não-Existente,* ou *Não-Ser,* assim como não é o Tetragrama; porque ambos, AHIH e IHVH, são glifos da existência, e símbolos de vida terrestre-andrógina, bem como da vida masculina e feminina. Ambos estão, portanto, misturados com Malkuth, *H*-eva, "a mãe de tudo o que vive", e não podem ser confundidos em nossas percepções espirituais com EHEIEH – a *Essência** una ABSOLUTA, ou "Seidade"[146], segundo alguns, embora os rabinos tenham se esforçado para que a autoridade recaia sobre seu deus *exotérico.* São reflexos de Ain-Soph, o *Parabrahman* hebraico*;* pois Ain-Soph é negativo, enquanto eles são vida real, positiva – portanto, *Māyā* ou Ilusão.

Isso é comprovado claramente por sua presença dual naruz – o símbolo *fálico* mais antigo, deste modo:

AH.	IH.
IH.	VH.

[146] No original *Esse* – Essência e *Be-ness* – Seidade (N. T)

como mostrado na Introdução de *The Kabbalah Unveiled*, p. 31.[147]

III. Há dois "Tetragramas" na cabala, ou melhor, ele é *duplo*, e podemos dizer, até mesmo *triplo*, *quaternário* e *setenário*. Ele se torna *nove* e *treze* apenas no final quando o "treze" ou a UNIDADE destrói o setenário

---

[147] Tão antigos e tão *fálicos*, de fato, que deixando de lado a cruz *ansata* do Egito, os discos *terracota* chamados *fusaiole*, encontrados por Schliemann em abundância *sob* as ruínas da antiga Tróia, têm quase todos estas duas formas: e – a *Suástica* indiana e a *Cruz*, sendo esta última *Suástica* ou "Martelo de Thor" *menos* seus quatro ângulos adicionais. Não há necessidade de explicar que os orientalistas que são incapazes de voar mais alto do que o plano material, estão, no entanto, certos, e que descobriram uma das chaves secretas (de religiões *exotéricas*, apenas, no entanto) ao afirmar que a origem da cruz é o arani e *pramantha*, o bastão e o vaso com uma cavidade central para acender o fogo dos antigos brâmanes. Prometeu que rouba o fogo sagrado da (pro)*criação* para dotar os homens com essa possibilidade, tem inegavelmente a origem de seu nome em *Pramantha*. O deus *Agni* era fogo *celestial*, apenas enquanto ele estivesse escondido em seu caixão. Assim que Matariśwan, o ser aéreo rig-védico, o forçou a sair dele em benefício de Bhrigus *que consome*, ele se torna fogo *terrestre*, o da procriação, portanto fálico. A palavra *matha* ou *pramantha*, dizem-nos, tem como prefixo *pra*, adicionando a ideia de *roubar* ou subtrair *à força* à que está contida na raiz *matha* do verbo *mathami*, ou *manthnami*, "produzir por atrito" Daí Prometeu roubar o fogo celestial para degradá-lo (em um sentido) na terra. Ele não só acende a centelha da vida no homem de argila, mas ensina-lhe os mistérios da criação, que, de *Kriyasakti*, cai no ato egoísta da procriação [*Vide* texto *supra*].

simbolizado pelos "Sete Inferiores", cujos sete, são "os *sete* reis de Edom" (quando se trata das raças), e as sete "sefirot inferiores" quando os princípios humanos são referidos. O primeiro Tetragrama é o eternamente oculto, o PAI – ele próprio uma emanação da luz eterna, daí que não é Ain-Soph. Ele *não* é o *Tetraktis* de quatro letras, mas apenas o *Quadrado*, por assim dizer, em uma superfície plana. É a figura geométrica ideal formada por quatro linhas imaginárias, o símbolo abstrato de uma ideia abstrata, ou quatro linhas "matemáticas" que incluem um espaço "matemático" – que é "igual a nada", como diz o Dr. Henry Pratt, falando do triângulo em seu livro *News Aspects of Life and Religion* (Novos Aspectos da Vida e da Religião). É um *Fantasma velado com quatro respirações.* Isso é tudo quanto ao "Pai" TETRAGRAMA-*Macroprosopo*. Ao passo que:

IV. O Tetragrama-*Microprosopo* – o "Filho" ou *Logos*, é o triângulo em um quadrado; o cubo de *sete dobras;* ou como o Sr. J. R. Skinner mostra – o cubo de seis faces desdobrado torna-se a *cruz* de sete partes, quando o andrógino se separa em sexos opostos.[148] Nas palavras de um comentário sobre a *Doutrina Secreta* –

---

[148] Quatro de comprimento ou a linha vertical, e três horizontalmente. Veja *The Theosophist*, Vol. VIII, abril de 1887. [H.P.B. refere-se ao seu próprio artigo "Classificação de 'Princípios'", Ver Vol. VII da presente série. – *Collected Writings of H. P. Blavatsky*, Compilador Boris de Zirkoff.]

"O círculo emana uma luz que se converte em quadrangular à nossa visão; esta se desdobra e se torna sete. Aqui o "círculo" é a primeira *sefirá,* o "*kether*" ou coroa, a *Risha Havurah,* ou "cabeça branca" e o "crânio superior". [Não é ilimitado, mas temporário neste mundo fenomenal.] Ele emana as duas Sefirot inferiores (Chokhmah e Binah, que são "Pai-Mãe") e, portanto, forma o triângulo, a primeira ou superior *tríade* da Árvore Sefirotal. Este é o *uno* ou a *Mônada* de Pitágoras. No entanto, emanou dos *Sete Elohim,* masculino e feminino, denominados "Pai-Mãe Superior".Estes são os reflexos do Espírito Santo *Feminino,* do qual se diz em *Sepher Yetzirah* "Uno é *Ela,* o Espírito do Elohim da Vida".[149] Muito longe ainda de AIN-SOPH o TODO, estão esses *números*[150] da cabala judaica, pois são na verdade apenas números e glifos secretos. Do Microprosopo vem *o quarto.*

Consultem a *Lâmina* IV de *Kabbala Denudada* (da tradução inglesa) desenhado pelo Sr. Mathers. Deem uma olhada nas "Formas Verbais Deificadas" colocadas em suas relações com os quatro mundos cabalistas – e

[149] Veja *The Kabbala Unveiled,* Introd., pp. 21-22.

[150] *Sefirá* significa um numeral; é *um,* e, portanto, singular, e *Sefirot* é uma palavra plural, ambos passaram seus nomes para nossas "cifras" e são apenas os números das *hierarquias criativas dos Dhyān Chohans.* Quando os Elohim dizem "Façamos o homem", eles têm que trabalhar do primeiro ao último *sétimo,* cada qual dotando o homem com sua própria característica ou princípio.

logo verão que "Tetragrama" ou Microprosopo, a "Face Menor", é o quarto. Para uma explicação mais clara, eu copio uma pequena parte da Tabela.

LETRAS DO TETRAGRAMA	*As Quatro Letras*	*As Sefirot*	*Os Quatro Mundos*	
		Macroprosopo	Atziloth	Mundo Arquetípico
I	*Yod*	O Pai	Briah	Mundo Criativo
H	O *He* superior	A Mãe Superior		
V	*Vau*	Microprosopo	Yetzirah	Mundo Formativo
H	O *He* Inferior	A Noiva de Tetragrama ou *Malkhuth*	Asiah	Mundo Material

Segue-se assim que, embora Macroprosopo – ou Kether, a *coroa* dos números, pois é a cabeça branca, ou a cifra O (zero),[151] ainda é removida de Ain-Soph, sendo apenas seu reflexo universal ou luz – que *não* é o tetragrama. É simplesmente ESPAÇO, o ilimitado e inescrutável, o solo supernal em que estão ocultas as ideias arquetípicas ou formas de *tudo;* a partir do qual cresce a RAIZ do Cosmos, a Árvore da Vida universal no mundo *criativo.* O tronco desta "árvore" são o "pai, e a mãe, a 2ª e a 3ª Sefirot, ou Chokhmah e Binah", respectivamente, Jeová e "Jeová Elohim".[152]

---

151 Os hebreus não tinham palavra para uma cifra ou *nada,* daí o simbolismo de uma cabeça ou um círculo redondo.

152 O estudante deve ter em mente que *Jeová* como nome é sempre homem e mulher, ou andrógeno. É um composto de duas palavras – *Jah* e *Hovah* ou "*Jah eve*". *Jah* sozinho é masculino e

V. "O Pai-Mãe" pertencem ao mundo *criativo*, porque são eles que criam; ou seja, eles são o material bissexual, a essência da qual o "Filho" (o Universo) é formado. Este Filho é Microprosopo, ou TETRAGRAMA. Por que ele é o símbolo de *quatro letras?* De onde procede a sacralidade deste *Tetraktis?* É o nome inefável, ou está ligado de alguma forma a esse nome *impronunciável?* Não hesito em responder negativamente. É simplesmente uma cortina, um símbolo para velar melhor a constituição setenária do homem e *sua origem,* e os vários mistérios ligados a ele. Seu nome, o Tetragrama, é composto de *quatro* letras, mas qual é o seu significado secreto e esotérico? Um cabalista não hesitará em responder: "leia *numericamente* e calcule as cifras e os números, e saberá".

Ora "Tetragrama" é Pai-Mãe e o "Filho" em *um.* É Jeová, cujo nome é escrito IHVH, e cujas letras lidas simbolicamente de acordo com o método *revelado na* QUARTA iniciação,[153] serão lidas de duas maneiras. É composto por duas letras masculinas

---

ativo: portanto, enquanto a 2ª Sefirot, Chokhmah, "Sabedoria", é masculino, e representa Ab, "Pai", *Binah,* "Inteligência", é feminino, passivo, e representa Am, "Mãe", o grande abismo profundo cujo nome *é "Jeová"*. Mas o nome masculino é simbolizado por uma letra somente, – *Yod* – cujo significado é inteiramente fálico.

[153] A tradição diz que os últimos iniciados nos sete mistérios de Microprosopo e da Suprema *Teth* (o número 9 e a letra t), o mistério das duas *Aima* (as duas mães, ou o primeiro e o segundo

(IV) e dois caracteres femininos (dois *Hs*, he); ou o H "superior" e o "inferior". O primeiro é a "mãe supernal" ou "a *jeová feminina,* como *Binah*"; o outro é o "H inferior", ou a 10ª Sefirot, *Malkuth,* a *base* da matéria. É impossível revelar por escrito a primeira leitura, quando se escreve AHIH, só se pode afirmar que *exotericamente* está conectada com o "Eu Sou o que Sou"[154] e com *Eheieh* "SEIDADE Absoluta ou SAT."

Pode ser lido de doze maneiras diferentes, cada frase sendo simbolizada em um signo do Zodíaco. Essas transposições são todas feitas para se referir ao mistério do *ser* ou da existência – como uma concepção abstrata.

Mas o IHVH, o Tetragrama do mundo *formativo,* e o cônjuge da "Noiva", cujo reino é Asiah ou *matéria,* embora fácil de explicar, ainda é mais difícil de transcrever em palavras, não por causa de sua sacralidade, mas sim de sua indecência. Remeto o leitor ao simbolismo simples das quatro letras I, H, V, H, ao livro *Source of Measures* do Sr. J. R. Skinner, p. 10, em que esse simbolismo é

H da palavra IHVH) foram os três rabinos Schimon, Abba e Eleazar que, nos Mistérios ou *Sod* haviam defendido Kether, Chokhmah e Binah (Ver *Zohar,* a Menor *Assembleia Sagrada).* Após sua morte, o conhecimento das cinco iniciações superiores foi perdido. ["Aima" é muito provavelmente uma ortografia fonética. Na verdade, a palavra hebraica para mãe é *am* ou *imah;* o plural sendo *imoth.* – Compilador Boris de Zirkoff.]

[154] *Êxodo* 3:14 (N. T.)

tratado. Os hindus veem isso diariamente em suas *Lingas e Yonis.* É *Jeová-Tzabaoth,* o *Setenário Elohim escondido* no Santo dos Santos, o *Argha,* ou Arca de Noé. Portanto (ver Lâmina III de *Kabb. Unv.*, pp. 28-29) ele é a *sétima* Sefirot entre os setenários "superiores", já que *Malkuth* é a sétima Sefirot "inferior". O Microprosopo é a *terceira* letra *V* (*Vau*) e é chamado apenas de tetragrama, porque ele é *uma* das quatro letras que abarcam todas as nove Sefirot – mas não a Sefirá. Ele é o setenário secreto, que até então permanecia oculto, mas *agora foi completamente revelado.* Nas tabelas que oferecem as relações das Sefirot com os dez nomes divinos, os dez arcanjos, suas dez ordens, os planetas, etc., demônios e os dez arqui-demônios – *Netzach*, a 7ª Sefirot, cujo nome é exotericamente "firmeza e vitória", e esotericamente algo mais, é chamado pelo seu nome divino *Jeová-Tzabaoth* e corresponde a Haniel (vida humana física), o andrógino Elohim, com Vênus-Lúcifer e Baal, e finalmente com a letra *Vau* ou Microprosopo, o *Logos.* Estes todos pertencem ao mundo *formativo.*

São todos *setenários,* todos associados à *formação* plástica e à MATÉRIA – sua "noiva". Esta última é a "mãe inferior" *Aima,* "a mulher com filho" do 12º capítulo de *Apocalipse,* perseguido pelo grande Dragão (de sabedoria). Quem é esse Dragão? É ele o demônio Satanás, como a Igreja nos faz acreditar? De modo algum. Ele é o Dragão da *Sabedoria Esotérica,* que se opõe à criança nascida da "mulher" (o Universo), pois esta criança é sua humanidade, daí ignorância e ilusão. Mas Miguel e seus anjos, ou *Jeová-Tzabaoth* (o "Hospedeiro") que se *recusaram a criar* como fizeram os sete filhos sem paixão de *Brahma*, nascidos da mente, porque aspiram a encarnar como homens *para se tornarem superiores aos deuses* – lutam contra o Dragão, conquistam-no, e o filho da matéria nasce. O "Dragão" da sabedoria esotérica cai de volta na escuridão![155]

Portanto, embora eu não tenha a menor objeção a qualquer místico disposto a se unir ao *Logos* chamado

---

[155] A chave que abre esse mistério é a sétima chave, e se relaciona com a *sétima trombeta* do sétimo anjo, depois de cuja explosão São João vê a mulher e "Guerra no Céu" (Veja *Apocalipse* 11:15, e 12:7, e tente entender). Esta alegoria, "Guerra no Céu", tem outros seis significados; mas este está no plano mais material e explica o princípio setenário. A "mulher" é coroada com 12 estrelas e tem o sol e a lua para vesti-la (duas vezes sete), sendo ela o Universo; o Dragão tem sete cabeças, sete coroas e dez chifres – outro simbolismo oculto, e ele é um dos *sete LOGOI*. Por acaso, aqueles que refletiram sobre o estranho comportamento de Narada podem entender a analogia. De fato, um Prajapati e um grande Rishi Védico, e ainda um que está sempre interferindo na procriação *física* dos homens, ele seduz duas vezes os milhares de filhos de Daksha a permanecerem celibatários e iogues, por isso ele é amaldiçoado a se encarnar, a nascer em um útero, e aqueles que sabem algo sobre números e *ciclos* agora entenderão melhor o significado desta alegoria.

"Tetragrama" ou Microprosopo, eu pessoalmente prefiro uma união com *Macroprosopo,* sobre princípios gerais; pelo menos neste ciclo de encarnação. Depois disso, com a ajuda do "NÚMERO PERFEITO", espero ver a luz supernal reduzindo a pó não só os meus "sete inferiores" (o Microprosopo), mas até mesmo a semelhança dos treze na unidade, que "travam guerra com os sete" (*Book of Conc. Myst.*, cap. V, 27), e junto com eles o quadrado *Macroprosópico.* Tendo a letra *Yod* no caminho da *nona* Sefirá uma significação decididamente fálica, eu recuso a união com o Jeová de sete dobras e sete letras inferiores, e prefiro fixar minha fé em "Ain-Soph" – pura e simplesmente; caso contrário, porquê deixar o seio da igreja ortodoxa de todo, bem como juntar-me ao "Exército da Salvação", e cantar "Sangue, sangue", o dia inteiro.

O "*Logos*" que *reconhecemos* não é o Tetragrama, mas a COROA, Kether, que não tem nada a ver com o plano material nem com o Macro, ou Microprosopo – mas que está conectado apenas com o mundo *pro*-arquetípico. Como é dito,

> "Pela gematria AHIH é igual a IHV sem o H... o símbolo de Malkuth... ", a "*Noiva*" (p. 31). "Intimamente associado com o tema das letras do Tetragrama está o dos quatro Querubins... Portanto, o querubim representa os poderes das letras do Tetragrama *no plano material...* Os querubins são as formas vivas das letras,

> simbolizadas no Zodíaco por Touro, Leão, Aquário e Escorpião... (pp. 32 e 34, Introd. de *Kabbala Unveiled*).

O que o simbolismo desses quatro animais representa por sua vez "*no plano material*" é novamente conhecido.

Touro – seja o touro de *Śiva*, o Touro Egípcio Ápis, o "Touro" zoroastriano morto por Ahriman – é sempre um símbolo da *semente* da vida, da força generativa e da força destrutiva, enquanto Escorpião é o símbolo do pecado (no sentido sexual), do mal e da morte espiritual, e Escorpião é o *quarto* número do *Tetragrama* – ou Malkuth.

"O mistério do homem terrestre e mortal está encerrado no mistério do supernal e imortal... Na forma do corpo é encontrado o Tetragrama. A cabeça é o eu [a letra Yod], os braços e ombros são o H [supernal], o corpo é V, e as pernas são representadas pelo H final [he]." (*Kab. Unv.*, p. 34.)

Na "Escala do número Sete", o nome de Deus é representado com sete letras. A escala é *setenária*; seja qual for a forma como se olha do primeiro original ou arquétipo para baixo até o sétimo ou mundo temporal.

A "Árvore da Vida" tem sete ramos e sete frutos. No *Book of Concealed Mystery*, BRASHITH, a palavra inicial em *Gênesis,* diz "*Bera Shith*, 'Ele criou o seis'. Destes dependem todas as coisas que estão abaixo" (cap. I,

16), todas as coisas sendo sintetizadas por Malkuth – o Sétimo – Microprosopo.

O Microprosopo é formado pelas seis Sefirot, três homens e três mulheres. Os membros do Tetragrama são chamados de seis membros do Microprosopo, e 6 é o valor numérico de V (Vau), sua letra. Quando eles (os membros) tocam a terra, eles se tornam sete (Introd., p. 32, *Kab. Unv.*, e versículo 9 do Com. xxii, em *Livro dos Números*).

Todo o *Book of Concealed Mystery* está repleto de tais frases. "O Microprosopo é *sêxtuplo*... uma vez que ele é formado por seis Sefirot que são chamadas com Malkuth as sete inferiores. Estes membros emanam das seis primeiras palavras (criativas) pronunciadas. Seu sétimo princípio é representado pela décima Sefirot... que é Eva no sistema exotérico, ou a mãe inferior... Daí a *sétima semana* ser chamada de Milênio, Sabbath, e também o sétimo reino. (*Book of Concealed Mystery,* versículo 22.)

Os cabalistas sempre fizeram diferença não só entre AIN-SOPH, o inumerável Inconcebível, mas mesmo entre Microprosopo e o tetragrama inferior, o "Filho", daí, o *Logos*. Pois, está escrito na *Grande Assembleia Sagrada* –

(Cap. VII, 83) "E no que diz respeito a isso, os filhos de Israel queriam indagar seus corações, como está escrito em *Êxodo* 17:7, 'O Tetragrama está entre nós, ou do Negativamente Existente?'[156] (*Onde eles distinguiam*) entre Microprosopo, que é chamado de Tetragrama, e entre Microprosopo, que é chamado de AIN, *Ain,* o Negativamente Existente?" (p. 121). Mas – o "*yod* do Antigo está oculto e escondido." (*Introd.*, p. 35.)

(Cap. XLV, 1152) "Soubemos que havia dez (rabinos) [companheiros, as Sefirot] que entraram no SOD [mistérios da criação] e que sete vieram à tona".

(Cap. XLV, 1158) "E quando o rabino Simeão revelou o Arcano, não foi encontrado nenhum presente lá salvo eles (*companheiros)*".

(Cap. XLV, 1159) "E o rabino Simeão os chamou de sete olhos de Tetragrama, como está escrito, *Zacarias* 3:9: 'Estes são os sete olhos do Tetragrama'".[157]

Na Bíblia a última palavra é traduzida como "O Senhor", o que mostra claramente que os cristãos aceitavam para seu "Senhor Deus" uma *quarta* emanação sefirotal e a letra *masculina* "Vau".

---

[156] A tradução deste trecho de *Êxodo* 17:7 diz "Está o Senhor entre nós o não?", Bíblia King James, Versão eletrônica. https://www.bkjfiel.com.br biblia/ex/17 (N. da T.)

[157] A tradução deste trecho de Zacarias 3: 9 diz: "sobre uma pedra estarão sete olhos", Bíblia King James, Versão eletrônica. https://www.bkjfiel.com.br/biblia/zc/3. (N. da T.)

É este o "*Logos*" com o qual todo *iniciado* tem de buscar união, como "resultado final de seus trabalhos"? Então, ele pode muito bem permanecer em seu corpo mortal *setenário* tanto quanto puder.

Com relação aos outros "obstáculos", eles são igualmente declarados incorretamente. A "Figura do homem no Trono" em Ezequiel corresponde no esoterismo ao plano arquetípico, ao mundo de Atziloth, não ao *Shekinah* em Malkuth e Asiah, no plano material; como se torna evidente para qualquer um que analise a visão *de forma cabalística.* Pois, em primeiro lugar, há quatro divisões claras do simbolismo da visão; quais sejam, a forma do homem, o trono no qual ele está sentado, o firmamento acima da cabeça das criaturas viventes e as próprias "criaturas viventes" com seus ofanins ou rodas. Estes novamente respondem claramente aos quatro mundos cabalísticos ou planos em si, *ou seja, Atziloth,* o Arquétipo – a figura sombria do homem; *Briah,* o Criativo – o trono; *Yetzirah,* o Formativo, o firmamento; *Asiah,* o Material, as criaturas viventes. Estas correspondem novamente às quatro letras do tetragrama, desta forma: o ponto superior de Yod no IHVH para a "figura do homem", o H (He) ao trono, o V (*Vau*) ao firmamento, e o H final às criaturas. (Veja *Lâmina* IX de *Kabbala Unveiled.*)

A "figura do homem" não é "a forma masculina de Shekinah". Shekinah *não* é "um poder andrógino".[158] Shekinah é sem sexo ou feminino, se alguma coisa. É luz primordial emanando do sempre oculto Ain-Soph. No mundo arquetípico é Sefirá, no material e no *formativo* se torna Shekinah, a *vida e luz latente* deste mundo inferior da matéria – o "véu de Ain-Soph" e a "presença divina" no *caminho* de Malkuth, do material para os mundos superiores. Ela é o *Buddhi* do corpo físico – a alma ou a centelha queimando *no* vaso; e depois que o vaso é quebrado, fundindo-se no sétimo (de acordo com a computação teosófica) e no primeiro ou *Microprosopo* cabalisticamente, uma vez que é o primeiro raio do oculto.[159]

O plano revelado por Malkuth é dado no *Book of Concealed Mystery*, o *Siphra Dtzenioutha*, Cap. V, 31-32, da seguinte forma:

---

[158] Veja a gravura do relato babilônico da criação (de George Smith. *The Chaldean Account of Genesis* (O Relato Caldaico de Gênesis, p. 85) da Árvore Sagrada, com figuras de cada lado e uma serpente ao fundo. Esta gravura é tirada de um cilindro babilônico primitivo, e representa a referida árvore com seus sete ramos.

[159] Shekinah não é uma Sefirot, pois ela procede e é latente na décima, Malkuth, e é destruída com a última (Veja Cap. I, 22, *Book of Conc. Myst.*). O erro provavelmente surgiu de o nome divino de Shekinah ser Adonai e o angélico Querubim. Mas nenhum cabalista fornecerá a chave para isso de forma impressa.

"A Árvore que é mitigada (isto é, o Caminho do reino ou Shekinah, que é a árvore do conhecimento do bem e do mal, que por si só existe a partir dos julgamentos, porém é atenuada pelo noivo mediante o fluxo de misericórdia) reside dentro (dentro das conchas/cascas; porque o reino tem seu domínio sobre todas as coisas, e seus pés descem até a morte). Em seus ramos (nos mundos inferiores) os pássaros se alojam e constroem seus ninhos (as almas e os anjos têm seus lugares). Abaixo dela, os animais que têm poder buscam a sombra (isto é, as conchas [*Klipoth – Kelipót*], 'pois nela caminha toda besta da floresta'. *Salmo,* civ., 20).

"Esta é a árvore que tem dois caminhos... para o mesmo fim (ou seja, o bem e o mal, porque é a árvore do conhecimento do bem e do mal). E tem em torno dela *sete* colunas (isto é, os *sete* palácios), e os *quatro* esplendores (isto é, os quatro animais) giram em torno dele (em quatro rodas) em seus quatro lados (após a descrição quádrupla da carruagem de Yechesqiel [Ezequiel])."

Esta árvore tem *sete* ramos[160], em cada um dos quais há quatro folhas e três frutos. Além disso, há uma

---

[160] Eu consultei nosso irmão, o Sr. S. Liddel MacGregor Mathers para sabe se algum cabalista justificou a ideia de que Shekinah era "um poder *andrógino*". Ele disse que *não* – "ele é sem sexo e é a presença divina". (Veja o seu *Kabbalah Unveiled,* página 55, nota entre os versículos 32 e 33.)

analogia evidente entre o versículo acima em *Siphr Dtzenioutha* e nos capítulos 1 a 4 de *Apocalipse.* Pois as sete igrejas "da Ásia" são idênticas aos "sete palácios" em Asiah, ou o local material *setenário.* As sete estrelas que estão na mão direita da "figura" no último capítulo não são essas sete igrejas, mas as sete chaves para elas; e a palavra de dois gumes (andrógino) que provém de sua boca é o Yod do IHVH. Esta "figura" é o "Tetragrama" setenário, o V (Vau).[161]

Mas esta figura é uma coisa completamente diferente da que está no trono na visão de Ezequiel. Pois o primeiro (a figura do Capítulo I de *Apocalipse*) está nos planos de Yetzirah (o mundo da formação, o habitat dos anjos *que não criariam*), e a figura de Ezequiel está no plano de Atziloth, e é descrita no 4o capítulo do *Apocalipse* como um "assentado no trono".

Para ser dois, para suportar o peso das declarações acima, eu recorri ao Sr. S. L. MacGregor Mathers (a respeito de quem há poucos cabalistas mais eruditos na Inglaterra, embora eu certamente não concorde com todas as suas opiniões. Mas sobre esta questão estamos quase que plenamente de acordo). Nosso irmão gentilmente consentiu em dar uma opinião por escrito, e foi assim que ele distribuiu a *Árvore* SEFIROTAL.

---

[161] Ou *Vau,* cujo número é seis e simbolismo – um gancho ou espada; *fálico.*

	KETHER.	
BINAH.		CHOKHMAH.
GEBURAH.		CHESED.
	TIPHERETH.	
HOD.		NETZACH.
	YESOD.	
	MALKUTH.	

Aqui a figura no trono na visão de Ezequiel refere-se a Kether; o trono a Chokhmah e Binah, o mundo de Briah, cujo nome alternativo é *Korsia* – o trono; o firmamento é Microprosopo, que consiste nas seis Sefirot – Chesed, Geburah, Tiphereth, Netzach, Hod e Yesod. Ora Yesod é o caminho para ingressar em Malkuth ou o mundo material criado; e Shekinah é a Presença em Malkuth, a Presença Majestosa; sendo Shekinah feminina, *e não andrógina.* E o selo do Macrocosmo, é a estrela de seis pontas, o[162]

[162] É o selo do Macrocosmo certamente, mas torna-se o do Microcosmo apenas quando a estrela de cinco pontas está encerrada dentro dele, pois é a última que é propriamente o sinal de Microprosopo. É o *Chakra Shatkona* (a roda de *Vishnu*) e o *Pañchakona* (Pentagrama). Nós chamaríamos o primeiro de selo de

é o emblema de Microprosopo, o Tetragrama – o Vau do IHVH, que está dentro dos *sete* portadores da luz de Malkuth, que não são outros que as sete últimas Sefirot, ou as seis Sefirot que compõem o Microprosopo com Malkuth adicionado como o sétimo.[163]

Nada pode ser mais claro, eu acredito. Quaisquer que sejam as especulações e interpretações transcendentais, metafísicas, que, naturalmente, podem ser satisfeitas com o *Tetraktis* no plano do mundo Arquetípico, uma vez que descemos ao mundo do Astral e do fenomenalmente oculto, não podemos ter menos de sete princípios sobre os quais nos basear. Eu estudei a cabala com dois rabinos

---

Microprosopo somente quando o hexagrama é cercado ou encontra-se dentro de um círculo; não de outra forma. Mas isso não afeta a questão. A *Kabbalah Denudata* de Knorr von Rosenroth contém muitos erros, e outras versões – especialmente as traduções latinas, todas feitas por cristãos empenhados em retirar *nolens volens* um significado profético e cristão do *Zohar* – mais ainda.

[163] O *Siphra Dtzenioutha* diz sobre Malkuth, "a presença Shekinah (ou a presença majestosa) que está abaixo (este é um caminho do reino, ou seja, MLKVTh, Malkuth, a décima e última Sefirá)". (cap. I, 32).

eruditos, um deles era um Iniciado, e não havia diferença entre os dois ensinamentos (o oriental esotérico e o ocidental) neste caso.

É claro que é sabido que qualquer um dotado de uma dose moderada de engenhosidade pode, se ele estudar os três modos cabalistas de interpretação – sobretudo o *Notarikon* – fazer o que quiser das palavras e letras hebraicas não indicadas. Não obstante, as explicações que eu ofereço não exigem *Notarikon,* mas simplesmente um conhecimento da sétima chave esotérica. Com pontos massoréticos pode-se transformar o astral Jeová-Tzabaoth, e até Jeová-Elohim no "Uno vivo" e no Deus mais alto, o "Deus dos deuses", – ao passo que ele é meramente um dos deuses formativos e *generativos.* Um bom exemplo da desonestidade acima é encontrado na tradução do Sr. Mathers de *Kabbalah Denudata* de Knorr von Rosenroth. Ele nos apresenta seis amostras das várias leituras da primeira palavra apenas (B'rashith) em *Gênesis.* Com as regras de *Notarikon,* a frase de abertura "*B'rashith Bara Elohim eth hashamayim v'eth h'arets*", *ou* "No princípio criou Deus o céu e a terra", pode-se fazer significar o que se quiser; uma vez que a primeira e solitária palavra B'rashith é forçada a produzir seis ensinamentos dogmáticos da Igreja Latina.

Como mostrado pelo supracitado cabalista, Salomão Meir Ben Moses, um convertido ao catolicismo romano em 1665, que adotou o nome de Prosper Rugere, conseguiu provar sob a alegação estritamente *notariconista* que a dita primeira palavra (B'rashith) revelou seis significados cristãos, o primeiro deles foi "O Filho, o Espírito, o Pai, Sua Trindade, Unidade Perfeita"; o terceiro, "Amarás meu primogênito, Meu primeiro, Cujo nome é Jesus"; o 5º: "Escolherei uma virgem digna de gerar Jesus, e vós a chamareis de abençoada" [*Kab. Unv.*, Introd., p. 81]. O sexto é apresentado na nota abaixo.[164] Os outros dois são repetições.

A mesma impressionante elasticidade de interpretação é proporcionada nos textos esotéricos de outras nações. Cada símbolo e glifo com *sete chaves*, segue-se que uma das partes pode estar usando uma chave para qualquer assunto em disputa, e depois acusar outro

[164] No *Notarikon* "Cada letra de uma palavra é tomada para a inicial ou abreviação de outra palavra, de modo que a partir das letras de uma palavra, uma frase pode ser formada". Assim, a partir das letras desta palavra *B'rashith*, eu também poderia facilmente criar uma frase que lesse: – "*Cuidado! contendas logo nascem na Teosofia*"; e então oferecê-la como um aviso divino e revelação, tomando como minha autoridade o "Livro de Deus". Esta leitura seria muito verdadeira, mas mais ainda com relação a 6ª das versões de Prosper Rugere, pois ele fez de *B'rashith* – "*Beaugoth Ratzephim Asattar Shegopi Yeshuah Thakelo*", que, traduzido, diz: "Eu [Deus] vou me esconder em um bolo [wafer] (assado com) carvão, pois assim comerão Jesus, Meu corpo" [*Kab. Unv.*, Introd., p. 8] – e assim converteu, imediatamente, outro judeu ao catolicismo romano!

estudante que esteja usando outra chave de interpretação deliberada.

Essa não é *a minha* política, no entanto. Em assuntos esotéricos prefiro buscar conciliação a discutir sobre erros cometidos, sejam reais ou imaginários; porque a CAUSA e o triunfo da verdade devem ser mais caros a um verdadeiro ocultista e teósofo do que pequenos sucessos sobre os disputantes.

Nenhum ocultista, se ele é fiel às suas cores, pode dar o significado de *todos os* "Sete Mistérios da Sabedoria" – mesmo que ele próprio esteja familiarizado com *todos* – o que seria uma maravilha, de fato. Pois esses "Sete Mistérios" *in toto* são conhecidos completamente apenas pelos "MESTRES DA SABEDORIA"; e esses Mestres dificilmente se entregariam a discussões polêmicas, seja em jornais ou revistas. Qual é o uso, então, de perder tempo e poder em provar que uma faceta do diamante brilha com mais luz e brilho do que sua faceta irmã, em vez de unir todas as forças para chamar a atenção do profano para o brilho da própria joia? Nós, estudantes da ciência sagrada, devemos ajudar uns aos outros, incentivar a pesquisa e o proveito pelo nosso conhecimento mútuo, em vez de criticá-la inutilmente para satisfazer o orgulho pessoal. É assim que eu vejo: pois ao contrário, nossos inimigos, que começaram por nos chamar de farsas com base na única força de seus preconceitos sectários e materialistas e intolerância, serão justificados em reiterar sua acusação com base em nossas denúncias mútuas. O materialismo está elevando sua cabeça medonha mais alto do que nunca.

Knowledge, uma das revistas científicas de Londres, nos dá um prenúncio do que está reservado para o ocultista. Ao resenhar *Kabbala Unveiled*, proclama em tons altissonantes "as extraordinárias fantasias intelectuais dos comentaristas hebraicos sobre suas escrituras". Ele esmaga sob o peso de seu desprezo materialista a ideia do Dr. Ginsburg em *The Kabbalah*, de que os mistérios do ser foram "ensinados primeiro pelo próprio Deus a um grupo seleto de anjos, que formaram uma escola teosófica no Paraíso"![165] e encerra com um enorme ponto de interrogação zombeteira, entre parênteses (!). Isso, na página 259 do *Knowledge* [Nova Série, Vol. X], 1º de setembro de 1887. Na página 245, o Sr. Edward Clodd nos oferece, em vez dos ensinamentos dos "anjos teosóficos", os dos darwinistas da Escola Haekeliana. Tendo pesquisado "um vasto campo" do Cosmos, "cujos limites lançam sombra no ilimitado por todos os lados", este defensor anti-caba-

[165] [Dr. Christian David Ginsburg, *A Cabala: Suas Doutrinas, Desenvolviment e Literatura.* Uma Redação lido antes da Sociedade Literária e Filosófica de Liverpool, 19 de outubro de 1863. Londres: Longmans, Green, Reader and Dyer, 1865. Emitido como apêndice para o *Processo* da Sociedade, Nº XIX. A citação é da página 2. – Compilador Boris de Zirkoff.]

lista da ciência moderna termina *suas "fantasias"* com o seguinte enunciado surpreendente:

"Começamos com a nebulosa primitiva, terminamos com as mais altas formas de consciência; *a história da criação é mostrada* [!?] como o registro ininterrupto *da evolução* do GÁS EM UM GÊNIO"[!!!].

Isso mostra como nos consideram os homens da ciência *moderna* e o quanto precisamos de todas as nossas forças para manter os materialistas à distância.

Mais umas poucas palavras e encerro. Me pedem repetidamente para mostrar minha autoridade – o livro, a página e o versículo – quanto à doutrina esotérica do "Setenário". Isso é como dizer a alguém no meio de um deserto: prove-me que a água está cheia de *infusoria* (microorganismos) quando não há microscópio ao alcance. Melhor do que ninguém, aqueles que fazem tal afirmação sobre mim, sabem que fora dos poucos lugares onde manuscritos secretos são armazenados há eras, nenhuma doutrina *esotérica jamais foi escrita e claramente explicada;* caso contrário, eles teriam perdido há muito tempo seu próprio nome.

Existe uma cabala "não escrita", bem como uma escrita, mesmo no Ocidente. Muitas coisas são explicadas *oralmente,* e sempre foram. No entanto, sugestões e alusões a ela são numerosas e espalhadas por todas as escrituras exotéricas, e a classificação depende, é claro, da escola que a interpreta, e ainda mais da intuição e concepção pessoal. A questão não é se há três, cinco ou sete cores nos raios do *espectro*, pois todos sabem que existe, de fato e na Natureza, apenas uma – o branco incolor. E, embora a Ciência discirna muito claramente sete raios prismáticos tão claros quanto as sete notas na escala; no entanto, ouviu-se falar de grandes homens da ciência que insistiram em que havia apenas quatro ou cinco até que se descobriu que eles eram cegos para a cor.

H. P. Blavatsky

Capítulo 13
O quadrado e o cubo[166]

P. ***Como é que o triângulo se converte no quadrado e o quadrado em um cubo de seis faces?***

R. Na geometria oculta e pitagórica, é dito que a tétrade combina dentro de si mesma todos os materiais com os quais se produz o Cosmo. O ponto, ou um, se estende para uma linha, o dois; uma linha até uma superfície, três; e a superfície, a tríade ou triângulo, converte-se em um sólido, a tétrade, ou quatro, por meio do ponto colocado sobre ele. Segundo a Cabala, *Kether* ou *Sephira*, o ponto, emana *Chochmah* e *Binah*, os quais são sinônimo de *Mahat*, nos *Purānas* hindus; e esta tríade, descendo na

[166] *Comentários sobre A Doutrina Secreta - Diálogos com H. P. Blavatsky*, Brasília: Editora Teosófica, ed. 2019, p.107-110. (Nota Ed. Bras.)

matéria, produz o *Tetragrammaton*, ou *Tetraktys*, como também a tétrade inferior. Este número contém os números produtores e os produzidos. A dúade (ou díade) duplicada faz uma tétrade, e a tétrade duplicada forma uma hebdômada.[167]

De outro ponto de vista, é o espírito, a vontade e o intelecto animando os quatro princípios inferiores.

P. Então, como o quadrado se transforma no cubo de seis faces?

R. O Quadrado se converte em cubo quando cada ponto do triângulo se torna dual, masculino ou feminino. Os pitagóricos diziam: "Uma vez um, duas vezes dois e aparece uma tétrade, tendo em sua cúspide a Unidade superior; esta se converte em uma pirâmide cuja base é uma tétrade plana; a luz divina que permanece nela forma o cubo abstrato."

A superfície do cubo está composta de seis quadrados, e o desdobramento do cubo dá a cruz, ou o quatro vertical cruzado pelo três horizontal, o seis fazendo assim o sete, os sete princípios ou as sete propriedades

---

[167] Uma tétrade duplicada seria oito, ou uma *ogdoada*, enquanto que uma hebdômada implicaria sete. Este pode ser um erro tipográfico, a menos que esteja implicado algum outro significado. Nós o deixamos inalterado. (Nota do comp.)

pitagóricas do homem. Vejam a excelente explicação oferecida no livro *A Origem das Medidas* [*The Source of Measures*], do Sr. J. R. Skinner:

> Assim temos a repetição, na Terra, daquele mistério que, segundo os videntes, se realizou no plano divino. O Filho da Virgem Celeste Imaculada (ou o Prótilo Cósmico não diferenciado, a Matéria em sua infinitude) nasce de novo na Terra como Filho da Eva terrestre (nossa mãe Terra) e se torna a humanidade como um todo – passado, presente e futuro –, porque Jehovah, ou Jod-He-Vau-He, é andrógino, ou masculino e feminino ao mesmo tempo. Em cima, o Filho é todo o COSMO; embaixo, a HUMANIDADE. A tríade ou triângulo se converte na *Tetraktys*, o sagrado número pitagórico, o quadrado perfeito, e, sobre a Terra, num cubo de seis faces. O Macroposopo (a Grande Face) passa a ser o Microposopo (a Face Menor); ou, como dizem os cabalistas, o "Ancião dos Dias", descendo sobre *Adam Kadmon*, a quem utiliza como veículo de manifestação, fica transformado no *Tetragrammaton*. Acha-se então no "Regaço de *Māyā*", a Grande Ilusão, e entre Ele e a Realidade se interpõe a Luz Astral, a Grande Enganadora dos Sentidos limitados do homem, a menos que o Conhecimento venha em seu auxílio por intermédio de *Paramārthasatya*. (*D.S.* I, p. 120).

Ou seja, o *Logos* se converte no *Tetragrammaton*, e o triângulo, ou o três, converte-se no quatro.

P. A Luz Astral é usada aqui no sentido de *Māyā*?

R. Certamente. Mais adiante, em *A Doutrina Secreta*, é explicado que praticamente existem apenas quatro planos pertencentes às cadeias planetárias. Os três planos superiores são completamente *Arūpa* [sem forma] e absolutamente fora da nossa compreensão.

P. Então, a *Tetraktys* é totalmente diferente do *Tetragrammaton*?

R. A *Tetraktys* pela qual juravam os pitagóricos não era o *Tetragrammaton*, mas, ao contrário, a *Tetraktys* mais elevada ou superior. Nos primeiros capítulos do *Gênesis*, temos uma chave para o descobrimento deste *Tetragrammaton* inferior. Encontramos ali Adão, Eva e Jehovah, que se convertem em Caim. O ulterior desenvolvimento da humanidade está simbolizado em Abel, como concepção humana do superior. Abel é "a filha" e não "o filho" de Eva, e simboliza a separação dos sexos, enquanto que o seu assassinato simboliza o matrimônio. A concepção mais humana encontra-se no final do 4º Capítulo, quando se fala de Seth, para quem nasceu um filho, Enos, depois do qual os homens começaram não a “invocar o Senhor”, como está traduzido no *Gênesis*, mas a ser chamados *Jod-He-Vau*, significando homens e mulheres.

O *Tetragrammaton*, portanto, é simplesmente *Malkuth*; quando o noivo vem até a noiva na Terra, então aparece a humanidade. Deve-se passar por todos os sete *Sephiroth* inferiores, e o *Tetragrammaton* se torna cada vez mais material. O Plano Astral encontra-se entre a *Tetraktys* e o *Tetragrammaton.*

P. A *Tetraktys* parece ser usada aqui em dois sentidos completamente diferentes.

R. A verdadeira *Tetraktys* dos pitagóricos era a *Tetraktys* da Mônada invisível, a qual produz o primeiro ponto, o segundo e o terceiro, e logo se retira para as trevas e o silêncio eterno; em outras palavras, a *Tetraktys* é o primeiro *Logos*. Tomada a partir do plano da matéria, é, entre outras coisas, o Quaternário inferior, o homem de carne ou de matéria.

Capítulo 14
Números – A lei geometriza[168]

Sloka **(3)** DO RESPLENDOR DA LUZ – O RAIO DAS TREVAS ETERNAS – SURGIRAM NO ESPAÇO AS ENERGIAS DESPERTADAS DE NOVO [*Dhyān-Chohans*]: O UM DO OVO, O SEIS E O CINCO. DEPOIS O TRÊS, O UM, O QUATRO, O UM, O CINCO, O DUPLO SETE, A SOMA TOTAL. E ESTAS SÃO: AS ESSÊNCIAS, AS CHAMAS, OS ELEMENTOS, OS CONSTRUTORES, OS NÚMEROS, OS *ARŪPA* [*sem forma*], OS *RŪPA* [*com corpos*] E A FORÇA DO HOMEM DIVINO – A SOMA TOTAL. E DO HOMEM DIVINO EMANARAM AS FORMAS, AS CENTELHAS, OS ANIMAIS SAGRADOS E OS

---

[168] *Comentários sobre A Doutrina Secreta - Diálogos com H. P. Blavatsky*, Brasília: Editora Teosófica, ed. 2019, p.168-172. (Nota Ed. Bras.)

MENSAGEIROS DOS SAGRADOS PAIS [os *Pitris*] DENTRO DO SANTO QUATRO.

(*D.S.* I, p. 143)

P. A senhora poderia explicar estes números e dar o significado deles?

R. Conforme dito no Comentário, na atualidade não estamos envolvidos no processo, ou seja, ele não pode, no momento, se tornar público. Entretanto, algumas sugestões podem ser dadas. Os rabinos chamam o círculo (ou, como dizem alguns, o primeiro ponto dentro dele) de *Echod*, o UM, ou *Ain Soph*. Em um plano inferior, o quarto torna-se *Adam Kadmon*, o sete manifestado e o dez não manifestado, ou a completa Árvore Sephirotal. Portanto, os *Sephiroth* são o mesmo que os *Elohim*. O nome deste último, escrito em hebraico, *Alhim*, é composto de cinco letras, e estas letras, em seus valores em numerais, colocadas ao redor de um círculo, podem ser transmutadas à vontade, o que não aconteceria caso fossem aplicadas a qualquer outra figura geométrica. O círculo é interminável, isto é, não tem princípio nem fim. A Cabala literal divide-se em três partes ou três métodos de leitura, dos quais a terceira é chamada *Temura* ou permutação. De acordo com certas regras, uma letra ou numeral é substituída por outra. O alfabeto cabalístico é dividido em duas partes iguais, e cada letra ou numeral de uma parte corresponde a um número ou letra similar na outra. Mudando alternativamente as letras, são obtidas vinte e duas permutações ou combinações, e este processo é chamado *Tziruph.*

> ***Sloka*** (4) ESTE ERA O EXÉRCITO DA VOZ – O SETENÁRIO DIVINO, AS CENTELHAS DOS SETE ESTÃO SUJEITAS AO E SÃO AS SERVAS DO PRIMEIRO, SEGUNDO, TERCEIRO, QUARTO, QUINTO, SEXTO E DO SÉTIMO DOS SETE. ESTAS [as "*centelhas*"] SÃO CHAMADAS ESFERAS, TRIÂNGULOS, CUBOS, LINHAS E MODELADORES; POIS ASSIM SE MANTÉM O ETERNO *NIDĀNA* – O *OI-HA-HOU* [a permutação de *Oeaohoo*].
>
> (*D.S.*, I, p. 146)

P. O que são os "Ventos Vitais" citados no comentário da página 149?

R. Os Ventos Vitais são os vários modos de inspiração e expiração, mudando assim a polaridade do corpo e os estados de consciência. É uma prática de *Yoga*, mas cuidado para não tomar as obras exotéricas sobre *Yoga* literalmente. Todos requerem uma chave.

P. Qual o significado da frase do *sloka* 3, que começa com "As centelhas"? (ver *sloka* 4)

R. As centelhas significam os raios, tanto para a inteligência inferior como para as centelhas humanas ou Mônadas. Refere-se ao círculo e aos dígitos, e equivale dizer que os números 3 1 4 1 5 (como aparecem na página 144, Vol. I), estão todos sujeitos à circunferência e ao diâmetro do círculo.

P. Por que se diz que *Sarasvati* (a deusa da fala) é também a deusa da sabedoria esotérica? Se a explicação se encontra no significado da palavra *Logos*, por que então há uma diferença entre a mente imóvel e a fala móvel? A Mente equivale a *Mahat*, ou ao *Manas* Superior e Inferior?

R. A questão é bem complexa. *Sarasvati*, a deusa hindu, é o mesmo que *Vāch*, cujo nome significa a Fala e que é, esotericamente, o feminino de *Logos*. A segunda pergunta parece bastante complicada. Acredito que é porque o *Logos*, ou a Palavra, é chamado de sabedoria encarnada, "a Luz que brilha na escuridão". A diferença reside entre o imóvel e eternamente imutável TODO e a Fala ou *Logos* móvel, ou seja, o periódico e o manifestado. Pode-se referir à Mente Universal ou à mente individual, a *Mahat*, ou *Manas* superior, ou mesmo inferior, o *Kāma-Manas* ou Mente-Cérebro. Porque aquilo que é desejo, impulso instintivo no inferior, converte-se em pensamento no Superior. O primeiro encontra expressão nos atos; o segundo, nas palavras. Esotericamente, o pensamento é mais responsável e punível que a ação, mas exotericamente acontece o contrário. Portanto, segundo a lei humana corrente, castiga-se mais severamente um assalto que o pensamento ou intenção, isto é, a ameaça, enquanto que *karmicamente* é o contrário.

P. "Deus Geometriza", diz Platão, mas vendo que não existe um Deus pessoal, como é que o processo de formação se faz por pontos, linhas, triângulos, cubos, círculos, e finalmente esferas? E como, quando a esfera deixa a condição estática, a força inerente do Alento a faz dar voltas rapidamente?

R. O termo "Deus" – a menos que se refira à Deidade Desconhecida ou *Absolutividade*, da qual dificilmente pode-se supor que esteja *atuando* de alguma maneira – nas filosofias antigas sempre significou o conjunto das Forças da Natureza ativas e inteligentes. A palavra "floresta" é singular, entretanto é um vocábulo que expressa a ideia de milhares e mesmo milhões de árvores de diferentes classes. Os materialistas podem optar por dizer "a Natureza", ou, melhor ainda, "a Lei geometriza", se assim preferirem. Mas nos dias de Platão, o leitor comum dificilmente teria compreendido a distinção metafísica e o significado real. No entanto, a verdade da Natureza sempre "geometrizando" pode ser descoberta facilmente. Aqui está um exemplo: o calor é a modificação dos movimentos ou partículas de matéria. Mas é uma lei física e mecânica que as partículas ou corpos, em movimento sobre si mesmos, assumam uma forma esferoidal – desde um globo planetário até uma gota de chuva. Observem os flocos de neve, que, juntamente com os cristais, nos mostram todas as formas geométricas existentes na Natureza. Tão logo cessa o movimento, altera-se a forma esferoidal; ou, como nos diz Tyndall, torna-se uma gota plana, e a gota forma um triângulo equilátero, um hexágono e assim sucessivamente. Observando-se a fragmentação das partículas de gelo de uma grande massa através da qual ele [Tyndall] fez passar raios calóricos, notou que a primeira forma assumida pelas partículas foi triangular ou piramidal, depois cúbica e finalmente hexagonal, etc. Assim, mesmo a moderna ciência física corrobora Platão e justifica sua proposição.

Capítulo 15
O método de Dāmodar de estudo[169]

> O estudante deve aprender primeiro os axiomas gerais. Por algum tempo terá de aceitá-los como suposições, se preferir chamá-los assim.

O que o estudante deve fazer primeiro é *compreender* estes axiomas, e, usando o método dedutivo, seguir do universal para o particular. Ele deve então raciocinar "do conhecido para o desconhecido" e ver se o método indutivo de proceder do particular para o universal apoia estes axiomas. Esse processo forma o estágio primário da verdadeira contemplação.

Dāmodar K. Māvalankar

---

[169] Trecho do capítulo Contemplação III, *Dāmodar K. Māvalankar, a jornada de um discípulo,* Brasília: Editora Teosófica, ed. 2022. (Nota Ed. Bras.)